SCHOTTLAND – BURGEN UND SCHLÖSSER

Text
Cristina Gambaro

Redaktion
Giulia Gaida

Gestaltung
Anna Galliani

1 Dieses Wappen Maria Stuarts befindet sich im Falkland Palace, in einem der Königspaläste der schottischen Stuart-Dynastie.

2-3 Das märchenhafte Schloss von Glamis mit seinem wunderbaren Park ist auf diesem Gemälde der schottischen Schule des 19. Jahrhunderts dargestellt.

4-6 Das Drummond Castle mit seinem berühmten Garten befindet sich im Zentrum Schottlands. Das Schloss steht auf einer Anhöhe; einige Terrassen blicken auf den prachtvollen grünen, kreuzförmig angelegten Park St. Andrew. Der Meridian in der Mitte geht auf das Jahr 1630 zurück.

© 1999 White Star S.r.l.
Via C. Sassone 22/24
13100 Vercelli, Italien

2003 Herausgegeben in Deutschland von
Verlag Karl Müller GmbH
www.karl-mueller-verlag.de

ISBN 3-89893-075-0

Gedruckt in Italien

INHALT

8 oben Das Eilean Donan Castle, eines der spektakulärsten Schlösser Nordschottlands, hat seinen Namen von der Insel, auf der es steht. Das Schloss wurde 1220 von Alexander II. als Festung gegen die Wikinger errichtet. Später schenkte es Alexander III. Colin Fitzgerald, dem Sohn des irischen Grafen von Desmond, eines Vorfahren der McKenzies.

8-9 *Der Felsen des Dunnottar Castle an der Nordsee war schon in frühester Zeit bewohnt. Nach einer Legende gründete St. Ninian hier im 5. Jahrhundert eine christliche Siedlung. 1276 weihte Bischof Wishart von St. Andrews ein steinernes Bauwerk ein, das zwanzig Jahre später wieder zerstört wurde. Die Ruinen der Festung erstrecken sich über ein sehr großes Gebiet. Am besten erhalten sind das Gatehouse und das Gefängnis.*

EINLEITUNG

9 oben *An der Westküste zwischen Oban und Fort William befindet sich das Castle Stalker, ein strenges Tower-House, das in der Mitte des 16. Jahrhunderts als Wohnsitz der Stewarts von Appin errichtet wurde. Es ist von einer wilden, faszinierenden Landschaft umgeben und beschützte einst die Ufer des Loch Linnhe vor Angriffen feindlicher Clans.*

9 unten *Mousa Broch auf der kleinen Insel Mousa bei Mainland, der Shetland-Hauptinsel, ist wohl der am besten erhaltene Verteidigungsbau der über zweihundert in die Eisenzeit zurückgehenden Bauten in Nordschottland. Als man die Brochs nicht mehr zur Verteidigung benötigte, benutzte man sie für landwirtschaftliche Zwecke.*

Vom ersten Reich der Schotten unter König Kenneth Mac-Alpin im Jahre 843 bis zur Vereinigung mit der englischen Krone im Jahre 1707 hatten die großen schottischen Schlösser hauptsächlich eine defensive Funktion. Hoch, betürmt, umgeben von Mauern und augenscheinlich uneinnehmbar dienten sie zur Verteidigung und als Verwaltungszentrum sowie als Wohnsitz für den lokalen Herrscher, seine Familie, seine Diener und Soldaten. Der befestigte Turm, das Tower-House, ist die Form von Burg, die man in den abgelegenen Gegenden der Highlands und von den fruchtbaren Tälern der Borders bis zur Grenze zu England sehr häufig findet. Diese Gebäudeart, bestehend aus drei Stockwerken, von denen das letzte vorkragt und die durch Wendeltreppen aus Stein oder Holz miteinander verbunden sind, erlebte über tausend Jahre schottischer Geschichte, von den Verteidigungstürmen der Pikten und Schotten bis zu den Adelspalästen der Viktorianischen Zeit. Im Laufe der Jahrhunderte entwickelte sich diese Form weiter, neue Elemente kamen hinzu, jedoch sind die faszinierendsten Bauten jene, die sich ihren Turm-Charakter bewahren konnten. Besonders viele davon findet man in Dumfries und Galloway, wie zum Beispiel das Threave Castle, eines der ältesten Schlösser, und die Schlösser von Craigmiller und Crichton, ursprünglich zwei Tower-Houses, denen nach und nach weitere Gebäude angefügt wurden und die dadurch zu riesigen Anlagen wurden.

Die ersten schottischen Befestigungen gehen allerdings in die Eisenzeit zurück. Zwischen 800 v. Chr. und 400 n. Chr. waren Befestigungshügel sehr verbreitet, sog. Hill Forts, Bastionen aus Erde oder Steinmauern, die zur Verteidigung der Dörfer gegen benachbarte Stämme oder gegen Angriffe der Römer (71-84 n. Chr.) errichtet wurden. Einer der berühmtesten Hügel ist der Dunadd in Argyll, der Hauptstadt des Dalriada-Reiches. Für die Verteidigung bestimmt waren auch die Brochs, hohe Steintürme mit doppelten Mauern, die zylindrisch geformt waren und nach oben hin etwas schmäler wurden. Trotz ihres ursprünglich skandinavischen Namens gab es sie schon vor der Ankunft der Norweger und wahrscheinlich existierten sie zeitgleich mit den Befestigungshügeln. Sie waren über zehn Meter hoch und wurden von der königlichen Familie bewohnt. In Zeiten der Gefahr beherbergten sie bis zu

zweihundert Personen. Zu den besterhaltenen Brochs gehört der Broch von Mousa auf den Shetland-Inseln. Mit der 1066 am Hofe in London stattfindenden Hochzeit von Malcolm III. Canmore und Margaret kamen normannische Sitten und Traditionen ins rauhe Schottland. Aus dieser Zeit stammen auch die ersten Feudalschlösser. Ihre ursprüngliche Form war die eines von einem Turm beherrschten und einem Graben umgebenen Erdwalls, an dessen Fuße durch Palisadengräben geschützte Häuser standen. Überreste dieser Befestigungen gibt es nicht, allerdings sind sie auf den Gobelins von Bayeux detailgetreu nachempfunden. In Hawick in den Borders ist noch ein künstlicher Hügel zu sehen, auf dem früher ein Holzturm errichtet worden war. Im Laufe der folgenden zwei Jahrhunderte wurde die Version aus Holz beinahe vollständig durch ein Schloss aus Stein ersetzt. In einigen in der zweiten Hälfte des 14. Jahrhunderts erbauten Schlössern ist die zunehmende Notwendigkeit ihrer Verteidigungsfunktion hauptsächlich an der wuchtigen Gestalt des Gebäudes zu erkennen. Im St. Andrew-Schloss in Fife beispielsweise befindet sich der Turm außerhalb des Hofes, der Haupteingang ist in den Bau integriert.

Am Ende des 14. Jahrhunderts gewannen Dekorationen und Schmuckmotive besonders in den königlichen Residenzen an Bedeutung. Die üppige Verzierung dieser Bauten orientiert sich an Motiven der französischen Renaissance, die auf die engen politischen und verwandtschaftlichen Beziehungen zwischen den Stuarts und der französischen Königsfamilie zu dieser Zeit Bezug nahmen. Der Palast von Falkland, der Lieblingspalast James' V., mit seinen großen und kleinen Türmen hat nichts mehr mit dem ursprünglichen Turmhaus gemein. Ähnlich ist es mit dem Skulpturen-Schmuck der nördlichen Mauer des 1585 vollendeten Schlosses von Crichton in der Region der Borders oder mit dem Schloss von Caerlaverock in Dumfries, dessen massives und strenges Äußeres mit der Eleganz des Innenhofes kontrastiert. Die zunehmende Sensibilität für das äußere Erscheinungsbild

12 links oben *Luftbild des Culzean Castle an der Westküste, wenige Kilometer von Ayr entfernt. Das am Rande der Felsen stehende Schloss ist einer der beeindruckendsten Adelspaläste ganz Schottlands und das Werk Robert Adams, der es im 18. Jahrhundert als Ersatz für ein über zweihundert Jahre altes Gebäude erbauen ließ.*

12 rechts oben
Das würdevolle, turmbefestigte Abbotsford House in neogotischem Stil war der Wohnsitz von Sir Walter Scott. Es steht am Tweed-Ufer, nicht weit von Melrose entfernt. Der Schriftsteller, Er-

finder des romantischen Schottlands und Autor von Highland-Romanen wie Rob Roy, Ivanhoe und Der Pirat liebte diese Gegend so sehr, dass er sich hier sein Traumhaus errichten ließ.

12-13 Luftaufnahme des Balloch Castle, des früheren Wohnsitzes der Lennox. Das in einem riesigen Park am Ufer des Loch Lomond in Westschottland stehende Schloss wurde 1808 in neogotischem Stil erbaut und nahm mit seinen Türm-

chen und Zinnen als eines der ersten Gebäude Bezug auf die alten mittelalterlichen Schlösser. Von hier aus genießt man eine wunderbare Aussicht auf den See und den Garten mit seiner Mischung aus mediterraner Flora und wilder Bergfauna.

13 oben Die Bibliothek des Mellerstain House gehört zu den Meisterwerken Robert Adams. Das Bravourstück ist die stuckierte Decke in den Pastellfarben Hellgrün, Dunkelgrün und Rosa, die der Architekt 1773 in Auftrag gab. Das runde Gemälde mit Minerva in der Mitte der Rosette ist ein Werk Zucchis. Der weiß-grüne Kamin trägt ebenso wie die Spiegelschränke zwischen den Fenstern die Handschrift Robert Adams.

13 unten Der Salon des Dalmeny House, der neogotischen Residenz am Firth of Forth nahe bei Edinburgh, ist mit französischen Möbeln ausgestattet, die zur Sammlung Rothschild von Mentmore gehörten und durch die Hochzeit des fünften Grafen Archibald, des ersten Ministers der Jahre 1894–1895, mit Hannah, der Tochter von Baron Meyer de Rothschild von Mentmore, ins Schloss kamen.

führte zu einer ornamentalen Ausstattung der Verteidigungsbauten. Diese Tendenz lässt sich in den am Ende des 16. Jahrhunderts im Nordosten Schottlands errichteten Schlössern beobachten. Die Schlösser von Crathes und Fyvie beispielsweise sind sowohl Festungen als auch ausgefeilte Kunstwerke.

Mit dem Einigungsvertrag von 1707 verlor das Schloss seine Verteidigungsfunktion. Auch wenn sich die Jakobiten vierzig Jahre lang, bis zum Massaker von Culloden, gegen die Krone stellten, so erlebten sie doch eine Epoche des Friedens. Die Familien des alten Adels, die durch die Enteignung der kleinen Bauern noch reicher geworden waren, begannen, großartige Repräsentationspaläste zu bauen. Ihnen taten es die Familien der reichen Kaufleute und der emporkommenden Industrie gleich, die die Errichtung ihrer Wohnsitze berühmten Architekten anvertrauten. Im 18. und 19. Jahrhundert etablierte sich die Architektenfamilie der Adams, die neoklassizistischen und italienischen Einflüssen gegenüber aufgeschlossen war. Zu den wichtigsten Werken der Architekten dieser Familie zählen der wunderbare Charlotte Square in Edinburgh, der damals ein neues und elegantes Gesicht bekam, und die Paläste von Hopetoun, Mellerstain und Culzean, deren Charakteristikum der Kontrast zwischen dem extrem einfachen Äußeren und dem mit üppiger neoklassizistischer Dekoration und Stukkaturen in Pastell- und Marmortönen ausgestatteten Inneren ist. In der zweiten Hälfte des Jahrhunderts kam es während der Romantik dank der Romane von Sir Walter Scott zu ei-

nem Revival der mittelalterlichen Welt und der schottischen Tradition. Auch die Architektur stand unter diesem Einfluss und es entstanden wieder Paläste mit Türmen, Spitzbögen und Intarsien auf dunklem Holz. Beispiele dafür sind das Dalmeny House am Firth of Forth und Abbotsford bei Melrose, das Wohnhaus von Sir Walter Scott. Es war ein Stil, dessen herausragendste Vertreter David Bryce und Gillespie Graham sind.

Mellerstain House

Scone Palace

Drum Castle

16-17 Das Tioram Castle, das mächtige Schloss der Mc-Donalds aus dem Ranald-Clan, wurde am Anfang des 14. Jahrhunderts auf einer Insel im Loch Moidart errichtet. Das ebenerdig nur bei Ebbe zugängliche Schloss wurde oft vom feindlichen Campbell-Clan angegriffen und brannte 1715 ab.

18-19 Die von Sir Robert Lorimer in Auftrag gegebene beeindruckende Bibliothek enthält über zehntausend Bände, darunter auch besonders seltene und wertvolle Ausgaben. Der Großteil der Werke bezieht sich auf die Entwicklung der Highlands und auf die schottischen Gesetze. Kostbar sind auch der Mahagoni-Schreibtisch im Chippendale-Stil und der Globus aus dem 19. Jahrhundert. An der Wand hängt ein Gemälde der Herzogin Eileen Butler, die 1912 den fünften Herzog von Sutherland heiratete.

Thirlestane Castle

Caerlaverock Castle

Atlantischer Ozean

Castle Fraser

Orkney-Inseln

Nordsee

Thurso

Dunrobin Castle

Oykel

Hebriden

Highlands

Spey

Brodie Castle

Cawdor Castle

Fyvie Castle

Deveron

Inverness

Haddo House

Castle Fraser

Dun-vegan

Craigievar Castle

Don

Drum Castle

Insel Skye

Kaledonischer Kanal

Loch Ness

Grampians

Balmoral

Aberdeen

Braemar

Crathes Castle

Dunnottar Castle

Fort William

Loch Linnhe

Blair Castle

Castle Stalker

Glamis Castle

Tay

Scone Palace

Dundee

Mull

Oban

Perth

St. Andrews

Inveraray Castle

Drummond Castle

Falkland Palace

Atlantischer Ozean

Loch Lomond

Stirling Castle

Hopetoun House

Linlithgow Palace

Edinburgh

Glasgow

Edinburgh Castle

Thirlestane Castle

Brodick Castle

Holyrood Palace

Tweed

Mellerstain House

Traquair House

Floors Castle

Arran

Ayr

Abbotsford House

Teviot

Culzean Castle

Drumlanrig Castle

Dumfries

Esk

Nordirland

Dee

Caerlaverock Castle

Nord-Kanal

rland

England

DIE SCHLÖSSER MARIA STUARTS

21 oben links Seit 1633, dem Jahr, als Charles I. zu Besuch kam, kehrte kein Mitglied der Königsfamilie je nach Linlithgow Palace zurück, mit Ausnahme von Bonnie Prince Charlie, der 1745 eine Nacht dort verbrachte. Ein Jahr später marschierten die Truppen des Herzogs von Cumberland in Richtung Norden, um endgültig die Jakobiten-Rebellion niederzuschlagen, und brannten das Schloss nieder.

21 rechts oben Detail des mit vier farbigen Wappen verzierten Eingangstors zum Palast, eine Kopie aus dem 19. Jahrhundert von jenen Originalen, die die vier Ritterorden symbolisieren. Von rechts nach links: The Garter (der Hosenbandorden), The Thistle (Die Distel), The Golden Fleece (das Goldene Vlies), und St. Michael.

20 oben Das Gemälde zeigt Maria Stuart, die Königin der Schotten und Anwärterin auf den Thron Elisabeths I. von England. Das Schwert, das Szepter und die Juwelen der Königin werden heute im Schloss von Edinburgh aufbewahrt.

20 unten Maria Stuart wurde nach dem Tod ihres Vaters James V. kurz nach ihrer Geburt zur Königin gekrönt. Vor Marias drittem Geburtstag sandte der englische König Heinrich VIII. ein Heer, um für seinen Sohn Edward um die Hand der Infantin anzuhalten.

20-21 Linlithgow-Palace beherrscht den Ort und den See. Obwohl das Gebäude kein Dach besitzt, ist es noch in gutem Zustand. Mit den Gebäuden der diversen Stuart-Monarchen vereinigt das wunderschöne Schloss um seinen Haupthof einige Jahrhunderte schottischer Geschichte. Die Könige der Dynastie verbrachten viel Zeit in ihrem Palast.

Während der tragischen Jahre der Religionskämpfe zwischen Katholiken und Protestanten bestieg Maria Stuart den Thron, die Erbin der mächtigen Dynastie Stuart, die lange Zeit gegen England gekämpft und elegante Architektur und feinen Geschmack an den schottischen Hof gebracht hatte. Maria hatte ein beschwerliches Leben, voller Liebe und Verrat, Intrigen und Morde, die sie zu einer legendären Gestalt werden ließen. Sie kam am 8. Dezember 1542 in Linlithgow-Palace zur Welt, in einer der Lieblingsresidenzen der Stuarts, an den Ufern des Firth of Forth, auf halber Strecke zwischen Edinburgh und Stirling. Das Schloss mit seinen mächtigen roten Mauern, die sich im See widerspiegeln, war 1425 von James I. errichtet worden, nachdem er nach 18 Jahren Gefängnis in England nach Schottland zurückgekehrt war. Unter seinen Nachfolgern kam es zu Modifikationen und Renovierungen, so dass aus dem Palast ein Königshof wurde, der es auch mit den französischen Höfen aufnehmen konnte. Die verschiedenen Stilarten der Fassaden im Mittelhof erzählen von der Geschichte des Palastes: im Osten die Great Hall und der ursprüngliche Eingang James' I., im Norden der neue Flügel James' IV., im Westen die Staatsappartements von James III. und im Süden der englisch anmutende Bereich des Königs und der Königin Margaret Tudor. Der Vater Marias, James V., lernte seine Tochter nicht mehr kennen, denn er starb sechs Tage nach ihrer Geburt an einem Herzanfall. Die Krönung der Infantin fand im Schloss von Stirling statt, wo sie behütet ihre ersten fünf Lebensjahre verbracht hatte, bis sie

22 links in der Mitte und rechts *Während der Unabhängigkeitskriege wurde Stirling Castle 1297 dank William Walace, auf dem Bild rechts, nach der Schlacht bei der Stirling-Brücke von den Schotten zurückerobert. Die Brücke bestand damals aus Holz und verband den Norden und den Süden Schott-lands. Das Schloss wurde so zur letzten schottischen Bastion gegen Edward I. Nachdem es erneut in englische Hände gefallen war, wurde es 1324 von Robert the Bruce in der Schlacht bei Bannockburn zurückerobert, die ein entscheidender Meilenstein auf dem Weg zur schottischen Unabhängigkeit war.*

22 links unten *In seiner heutigen Form wurde Stirling Castle zwischen dem Ende des 14. und dem Anfang des 16. Jahrhunderts erbaut. James IV. gab die Great Hall und das Gatehouse, den Bau über dem Eingangsportal, in Auftrag. James V. hingegen war der Auftraggeber des spektakulären Palastes, an dem französische Steinmetze mitwirkten. James VI., der die Royal Chapel gestalten ließ, war der letzte schottische Herrscher, der auf dem Schloss lebte.*

22 links oben und 23 *Nach dem Graben und dem ersten Tor des Schlosses Stirling bringt die Straße den Besucher zur Innentür. Links führt eine Rampe zu den Gärten Königin Annas, während ein drittes Eingangstor zum Lower Square führt, an dem der Königspalast mit seiner bemalten Fassade, einem Meisterwerk der Renaissance, liegt. Zusammen mit dem Falkland und dem Linlithgow Palast ist er eines der wenigen Beispiele für den Einfluss der europäischen Renaissance in Schottland.*

als Verlobte des Dauphin nach Frankreich reiste.

Stirling Castle befindet sich in strategischer Lage auf dem Hauptverbindungsweg zwischen dem Norden und dem Süden Schottlands und war schon in prähistorischer Zeit eine Festung gewesen. Hierher kamen alle schottischen Könige, so auch Alexander I. und Wilhelm der Löwe, die auf Stirling den Tod fanden. In der Umgebung des Schlosses fanden für Schottland wichtige Schlachten statt, wie jene an der Stirling-Brücke im Jahre 1297, in der die Schotten unter William Wallace dem englischen Heer eine Niederlage beibrachten. Die von den Engländern während der Unabhängigkeitskriege mehrmals angegriffene Burg kapitulierte 1304 als letzte schottische Festung. Mit der Dynastie der Stuarts wurde das Schloss zu einem Königspalast, was auch heute noch zu ,erkennen ist. James III. verstärkte die Befestigung, indem er dem Schloss ein strenges und uneinnehmbares Aussehen verlieh. Gleichzeitig errichtete er die Great Hall und schuf damit Raum für das Parlament und für Staatszeremonien.

James IV. begann mit der Errichtung des Königspalastes im Renaissance-Stil. Vollendet wurde der Palast unter seinem Sohn James V., der in der Kapelle von Stirling gekrönt wurde, ebenso wie seine Tochter Maria und sein Enkel James VI. im Jahre 1566. Um den Kriegen mit England zu entgehen, verbrachte Maria ihre Kindheit und Jugend in Frankreich. Nach Jahren der Erziehung am prunkvollen französischen Hof heiratete sie 1558 den Dauphin, der im darauffolgenden Jahr als François II. König von Frankreich wurde. Mit sechzehn Jahren wurde Maria Stuart Königin von Frankreich und Schottland, gleichzeitig war sie Thronerbin des anglikanischen Englands, da ihre Kusine Elisabeth I. keine Kinder hatte. Nach dem Tod ihres Gatten in ihrem 18. Lebensjahr nahm sie Abschied von ihrer Schwiegermutter Katharina von Medici und kehrte in ihr Heimatland zurück, als katholische Königin in ein protestantisches Land. John Knox, der kalvinistische Prediger, hatte mit seinen Lehren die Herzen der Schotten – mit Ausnahme der rauhen Bewohner der Highlands – erobert. Die elegante junge Herrscherin fand sich inmitten von Machtintrigen und Religionskämpfen wieder. Ihre Lebenslust, der Luxus, mit dem sie sich umgab, und ihre Liebschaften waren den Puritanern ein Dorn im Auge. Maria ließ sich mit ihrem Hofstaat in Holyrood-Palace in Edinburgh nieder. Der im 12.

24 oben *Von oben hat man einen wunderbaren Blick auf Holyrood-Palace und die Ruinen der Abtei, die nach einer Legende 1128 von David I., dem Sohn Malcolms III. und Margarets, gegründet wurde. Während einer Jagdpartie wurde der König eines Tages von einem* *Hirsch aus dem Sattel geworfen und verletzt. Er konnte sich aber mit Hilfe eines Kruzifixes retten und errichtete daraufhin aus Dankbarkeit die Abtei. Der Name Holyrood kommt von holy (heilig) und von rood, einem Synonym für cross (Kreuz).*

24-25 *Holyrood Palace wurde als Gästehaus der Abtei benutzt. Seit dem 16. Jahrhundert war er eine königliche Residenz. 1501 richtete James I. das Gästehaus komfortabel ein. 1529 wurde im Nordwesten ein Turm für die Königsfamilie hinzugebaut. Dies ist* *heute der älteste Teil des Palastes. Für Maria Stuart war er Schauplatz vieler wichtiger Ereignisse: In der Abtei heiratete sie Lord Darnley und dort, wo sich heute die Picture Gallery befindet, schloss sie mit Bothwell den Bund der Ehe.*

25 links oben *Die Historical Apartments, der älteste Bereich des Schlosses, sind mit der Geschichte Schottlands und seiner Königin Maria Stuart eng verbunden. Im ersten Stock des Turmes befinden sich die beiden Zimmer, in denen die Königin wohnte und in denen der brutale Mord an David Rizzio verübt wurde. In einer Vitrine sind die Stickereiarbeiten Maria Stuarts ausgestellt, die sie während ihrer langen Gefangenschaft in England anfertigte.*

25 links unten *In der Mitte des großen Platzes vor dem Schlosseingang steht ein Brunnen. Er ist eine Kopie aus dem 19. Jahrhundert des Brunnens in Linlithgow-Palace, der aus Anlass der Hochzeit James V. mit Maria Guiese, der Eltern Marias, errichtet wurde. Während der Hochzeitsfeierlichkeiten sprudelte aus der Düse des Brunnens an Stelle von Wasser Wein.*

25 rechts *Diese Einhorn-Statue steht auf dem Pfeiler des Eingangstores zum Holyrood Palace.*

Jahrhundert als Abtei errichtete Palast war von James IV. in eine königliche Residenz umgebaut worden, nachdem er beschlossen hatte, Edinburgh zur Hauptstadt des Reiches zu machen. Die königlichen Gemächer im Renaissance-Stil mit ihren Möbeln aus dieser Epoche und den flämischen Wandteppichen sind heute noch Wohnsitz von Elisabeth II. und Prinz Philipp während ihrer Aufenthalte in der Stadt. 1565 konnte Maria Stuart dank eines

päpstlichen Erlasses ihren Cousin Lord Henry Darnley heiraten. Im Palast sind immer noch die Zimmer des königlichen Paares zu sehen, ebenso der Raum, in dem die Herrscherin auf ihren Feind John Knox traf, und das Zimmer, in dem sie ihre Nachmittage verbrachte, Harfe spielte, Briefe schrieb und ihren persönlichen Sekretär und vielleicht Liebhaber, den Turiner David Rizzio, empfing. Die Liaison zwischen Maria und dem Italiener hatte ein tragisches Ende. Eines Abends – die Königin war im sechsten Monat schwanger – stürzten sich von Darnley abgesandte Männer auf Rizzio. Man schleppte ihn in ein anderes Zimmer und erdolchte ihn, wonach er blutend das königliche Schlafgemach durchquerte.

Am Holyrood-Palast beginnt die Royal Mile, die Straße, die hinter dunkelgrauen Fassaden zum Schloss von Edinburgh führt. Dorthin eilte Maria

26 oben und Mitte
Die Gärten der Princess Street werden vom Felsen und von der Mauer von Edinburgh Castle beherrscht. Dank Sir Walter Scott wurde das Schloss im vorigen Jahrhundert zu einem Symbol Schottlands. Zur Zeit Königin Viktorias war Schottland sehr en vogue. Viele Bauten wurden restauriert, so auch die St. Margaret's Chapel, der älteste Gebäudekomplex.

26 unten Der Schlosseingang ist ein Bau in romantischem Stil und geht auf die viktorianische Epoche zurück. Er wurde um das Jahr 1880 errichtet und ist die letzte in Schottland errichtete Zugbrücke. Auf den Mauern daneben befinden sich die beeindruckenden Statuen der schottischen Helden William Wallace und Robert the Bruce. Gegenüber dem Eingang befindet sich die Esplanade, auf der im Sommer während des Edinburgh-Festivals der Zapfenstreich stattfindet.

26-27 Trotz seines uneinnehmbaren Aussehens fiel Edinburgh Castle einige Male in die Hände der Engländer. 1313 wurde es von den Schotten unter Robert the Bruce zerstört und erst 1371 von David II. wieder aufgebaut. Von den alten Bauten ist heute wenig zu sehen, da sie in die Gebäude der darauffolgenden Jahrhunderte integriert wurden.

in den Tagen nach dem Mord an Rizzio, um hinter den mächtigen Mauern des Schlosses Ruhe zu finden. Das Symbol Schottlands erscheint streng und uneinnehmbar, obwohl es einige Male von den Engländern erobert wurde. Sein ältestes Gebäude ist die St. Margaret's Chapel, die wohl von König David I. um 1130 in Erinnerung an seine Mutter errichtet wurde. Von den alten Befestigungsanlagen, die während der Erweiterungsarbeiten vom 16. bis

18. Jahrhundert überbaut worden waren, ist wenig übrig geblieben. Am Crown Square befinden sich der Königspalast, der alte Parlamentssaal und das National War Memorial für die Gefallenen des Ersten Weltkriegs.

Seit dem 16. Jahrhundert zog es die königliche Familie vor, in komfortableren Palästen wie dem Holyrood, dem Linlithgow und dem Falkland Palace zu wohnen. So wurde das Schloss zum Sitz der Regierung und zum Militärquartier. In einem kleinen, mit Holz verkleideten Zimmer brachte Maria am 19. Juni 1566 den Thronfolger, den späteren James VI. von Schottland, zur Welt, der nach dem Tod Elisabeths I. als James I. auch König von England wurde. Um den gefährlichen Intrigen entgegenzuwirken, schmuggelte die Königin aus ihrem Fenster einen Korb mit dem Neugeborenen, das von ihren Gefolgsmännern nach Stirling gebracht wurde. Die Situation war in der Tat prekär. In einem Komplott, das der Königin wohl nicht unbekannt war, wurde ihr zweiter Gatte, Lord Darnley, erhängt. Seine Überreste wurden in einem durch eine Explosion zerstörten Gebäude gefunden. Drei Monate später ehelichte die Königin zum allgemeinen Ärgernis den Hauptangeklagten des Mordes an ihrem Gemahl, James Hepburn, den Grafen von Bothwell, der in der Zwischenzeit von den Richtern freigesprochen worden war. Durch diese Hochzeit, die 1567 in protestantischem Ritus gefeiert wurde, verscherzte sie sich endgültig die Sympathien des Adels, der die beiden Verliebten zur Flucht zwang. Die Königin versammelte

27 links oben Die von James IV. als Bankett- und Zeremoniensaal errichtete Great Hall liegt an der südlichen Seite des Crown Square. Bis 1639 war sie Sitz des schottischen Parlaments, dann wurde sie in eine Kaserne und später in ein Krankenhaus umgewandelt. Am Ende des 19. Jahrhunderts wurde das Gebäude gemäß der herrschenden romantischen Mode restauriert.

27 rechts oben Der 1430 von James IV. im Renaissance-Stil begonnene Königspalast wurde zur Zeit Maria Stuarts umgestaltet, um Raum für die Königin und ihren Gatten Lord Darnley zu schaffen, deren Initialen über dem Eingang zu sehen sind. In einem vollständig mit Holzpaneelen verkleideten Zimmerchen brachte Maria James VI. zur Welt. Der gesamte Palast wurde 1617 umgebaut, als James VI., nunmehr James I. von England, in einem Triumphzug nach Schottland zurückkehrte. Er war der letzte königliche Gast des Schlosses.

28 links oben *Die wuchtigen Ruinen des Hermitage Castle stehen in der Heide von Liddesdale, nördlich von Newcastleton. Das im 13. Jahrhundert errichtete Schloss wurde zweihundert Jahre später turmbefes-* *tigt wiederaufgebaut. Es steht in Verbindung mit dem Grafen von Bothwell und Maria Stuart, die sich nicht scheute, achzig Meilen zu Pferd zurückzulegen, um ihren verletzten Geliebten zu besuchen.*

ihre Truppen und griff die Aufständischen am Carberry Hill bei Edinburgh an. Nach einem Tag erbitterter Kämpfe war Maria gezwungen, sich zu ergeben und abzudanken. Isoliert und als Königin verstoßen wurde sie in das aus dem 14. Jahrhundert stammende Schloss Loch Leven eingeschlossen, das auf einer Insel in der Mitte des Sees errichtet worden war und heute nur noch aus Ruinen besteht. Die junge Herrscherin wurde dort ein Jahr lang gefangen gehalten und verlor die beiden Zwillinge, die sie damals erwartete. Es gelang ihr aber, als Bäuerin verkleidet mit einem Boot zu entkommen, nachdem sie Willie Douglas, den Sohn des Schlossherrn, verführt hatte. Bei Langside, in der Nähe von Glasgow, stieß das sechstausend Mann starke Heer der Königin auf die antikatholische Partei, die den kleinen König James I., der erst ein Jahr alt war, bei sich hatte. Die Armee wurde besiegt und Maria Stuart floh in Richtung Süden. Ihre letzte Nacht auf schottischem Boden verbrachte sie in der Abtei von Dundrennan, bevor sie den Solway Firth überquerte und ihre Cousine Elisabeth I. um Hilfe bat. Sie wurde dort jedoch für beinahe zwanzig Jahre im Tower von London gefangen gehalten, bis sie 1587 schließlich hingerichtet wurde.

In ihren sieben Regierungsjahren hatte Maria Stuart fast ganz Schottland besucht und war in Schlössern zu Gast gewesen, die heute zum Teil ihren Namen tragen. Eines der bekanntesten ist Hermitage Castle, ein gewaltiges Gebäude, das einsam mitten in der Heide an der Grenze zu England steht. Hier wurde Graf Bothwell noch vor seiner Heirat mit Maria während eines Kampfes verwundet. Die Königin, die sich nach Jedburgh begeben hatte, um an der Tagung des Gerichtshofes teilzunehmen, bestieg ihr Pferd und eilte ihrem Geliebten zu Hilfe. Auf dem Nachhauseritt wurde sie vom Pferd geworfen und lag danach für einige lange Tage in Jedburgh in einem Turm-Haus, das heute ein Museum ist, im Koma.

In der Umgebung von Edinburgh liegt Craigmillar Castle, eine der Lieblingsresidenzen der Königin. Im mächtigen Mittelturm aus dem 16. Jahrhundert, der von zwei Mauerringen geschützt wird, scheint die Ermordung des zweiten Gatten angezettelt worden zu sein.

28 links unten *Nur wenige Kilometer trennen das Schloss von Edinburgh von Craigmillar Castle, einem ummauerten Turm mit beeindruckendem Vorbau, der im 15. Jahrhundert errichtet und in den darauffolgenden Jahrhunderten erweitert worden war. Das Castle war eines der Lieblingsschlösser Maria Stuarts, deshalb nannte man die Gegend um das Schloss auch Little France, nach den französischen Dienern am Hofe Marias. Eben in diesen Mauern hat wohl auch die Verschwörung gegen den zweiten Gatten Marias, Lord Darnley, stattgefunden.*

28 rechts oben *Borthwick Castle in der Nähe von Edinburgh wurde 1430 vom ersten Lord Borthwick errichtet und ist einer der beeindruckendsten Festungstürme Schottlands. Maria Stuart besuchte das Schloss 1567 kurz nach ihrer Heirat mit Bothwell.*

28-29 Campbell Castle liegt im Herzen der Ochil Hills. Das aus dem 15. Jahrhundert stammende Tower-House war Eigentum von Colin Campbell, dem ersten Grafen von Argyll und Kanzler Schottlands während der ersten Jahre der Herrschaft von James IV., dem Großvater Maria Stuarts. 1566 beherbergte das Schloss den Prediger und Reformer John Knox, den Gegner Maria Stuarts. Die schottische Königin besuchte das Schloss im Jahre 1563. 1645 wurde es von Marquis von Montrose erobert und in Brand gesetzt. Zum Schloss gehört auch ein Gebäude im Stil der französischen Renaissance.

29 oben Loch Leven Castle liegt auf einer kleinen Insel in einem See im südlichsten Perthshire. Mit seinem wuchtigen Turm und seiner Ummauerung aus dem 14. Jahrhundert wurde es als ausbruchssicheres Gefängnis benutzt. 1567 wurde hier auch Maria Stuart für fast ein Jahr gefangen gehalten.

30 oben und 30-31
Der Falkland Palace steht am Fuß der Lomond Hills, im Herzen der fruchtbaren Halbinsel Fife. Zwischen 1453 und 1463 verwandelten James II. und Maria von Guiderdal die alte Festung in einen Königspalast. Das heutige Aussehen geht in das 16. Jahrhundert zurück und ist das Werk französischer und schottischer Baumeister, die im Auftrag von James IV. und James V., dem Großvater und Vater Maria Stuarts, arbeiteten. Der Palast ist eng verbunden mit dem Leben der unglücklichen Königin. Kurz nach Marias Geburt im Jahre 1542 starb hier ihr Vater James V. an einem Herzanfall.

Keine Spuren sind jedoch von Dunbar Castle übrig geblieben, in das sich die Königin nach der Ermordung Rizzios mit Lord Darnley zurückgezogen hatte. Nach der Schlacht von Carberry Hill wurde das Schloss von ihren Feinden zerstört und von Cromwell endgültig dem Erdboden gleichgemacht.

Die glücklichsten Tage ihres leidvollen Lebens verbrachte Maria wohl im Falkland-Palast, in der Lieblingsresidenz der Stuarts, weit weg von den Intrigen Edinburghs. Der als Jagdschloss erbaute Palast wurde von James IV. erweitert, der ihn in einen eleganten Hof umwandelte. Im Hinblick auf seine Hochzeit mit der Tochter des Königs von Frankreich machte James V. Falkland mit Hilfe von französischen Baumeistern zu einem Renaissance-Palast. Um ihn herum liegt ein Garten, zu dem unter anderem der erste Tennisplatz der Welt gehört.

31 links und rechts oben Das Wappen der Stuarts von Bute ziert die Fassade des Wachgebäudes am Eingang des Falkland Palace. Es wurde 1542 vollendet und beherbergte die Privatgemächer des Kapitäns der Wache, des Konstablers und der Wache des Königspalastes. Diese Aufgabe übertrug sich vom Vater auf den Sohn. 1887 erwarb der dritte Marquis von Bute den Palast.

31 rechts unten Das königliche Dorf Falkland um den Palast herum besteht aus wenigen einfachen Steinhäusern mit einem Stockwerk. Auf dem Platz am Ende der Main Street, vor der Kirche und dem 1800-1801 nach Plänen von Thomas Barclay errichteten Rathaus, steht der Bruce Fountain, ein Steinbrunnen mit vier leuchtend roten Löwen.

32 oben Der Keeper's Bedroom, das Schlafzimmer der Wache, im zweiten Stock des Palastes wurde von Michael Crichton Stuart und seiner Frau Barbara benutzt, als sie am Ende des Zweiten Weltkriegs Falkland zu ihrem Wohnsitz machten. Das Zimmer wird von einem Baldachinbett beherrscht, das möglicherweise James VI. gehörte: Das üppig bemalte Stück stammt aus dem 18. Jahrhundert.

32 unten Der Drawing Room, das Wohnzimmer, ist komfortabel, aber einfach und in seiner Schlichtheit der Nachkriegszeit entsprechend. Die Vorhänge stammen von Michael Crichton und seiner Frau Barbara. Wichtig sind die Gemälde von James V. und seiner zweiten Frau Maria von Lorena, von James VI., von Königin Maria von Schottland, von Anna von Dänemark, von Charles II. und Katharina von Braganza.

32-33 Die Old Library des Falkland Palace besitzt eine ausgearbeitete Decke, die mit einem Trompe-l'œil aus dem Jahre 1895 ausgestattet ist. Das Zimmer wurde von Michael Crichton Stuart als Studio benutzt. An den Wänden hängen eine königliche Jagdtrophäe und Gemälde der Familie, darunter Stiche des dritten Grafen von Bute, dem ersten Minister von George III. und Urgroßvater des dritten Marquis.

33 links oben Während ihrer kurzen Herrschaft ordnete Maria Stuart die Umgestaltung des Palastes und seiner Einrichtung an. Ebenso wie ihr Vater und ihr Großvater flüchtete die Königin gerne aus der Engstirnigkeit der Stadt Edinburgh, um ihren Frieden in Falkland Palace zu finden. 1562, kurz nach ihrer Rückkehr aus Frankreich, wusch sie in der Falkland-Kapelle die Füße von neunzehn Jungfrauen, deren Anzahl ihren Regierungsjahren entsprach.

33 rechts oben Die Gobelin-Galerie verband die königlichen Gemächer mit der Kapelle und den Wohnräumen der Wächter. Auf Lord Bute gehen die Restauration dieses Raumes und die Eichenholzdecke zurück. Die flämischen Gobelins aus dem 17. Jahrhundert stammen aus Holland und wurden ausgestellt, als die Königsfamilie im Palast wohnte.

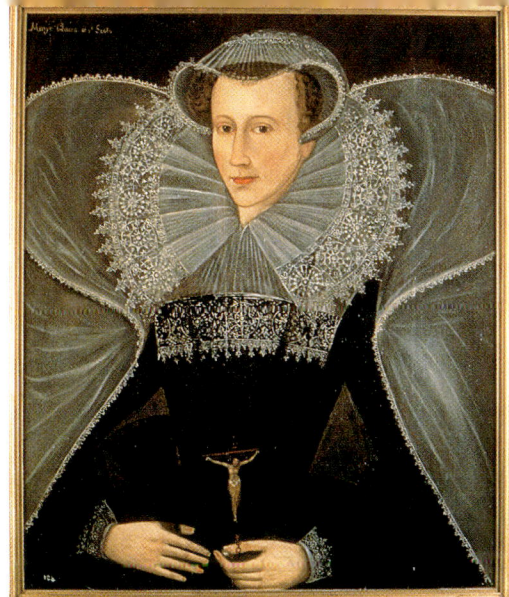

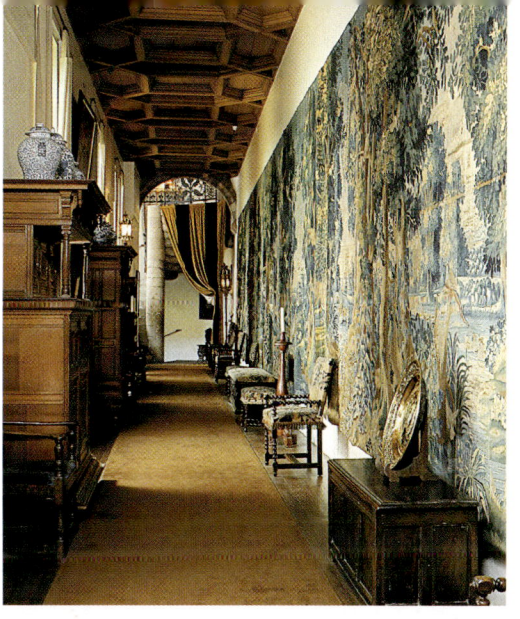

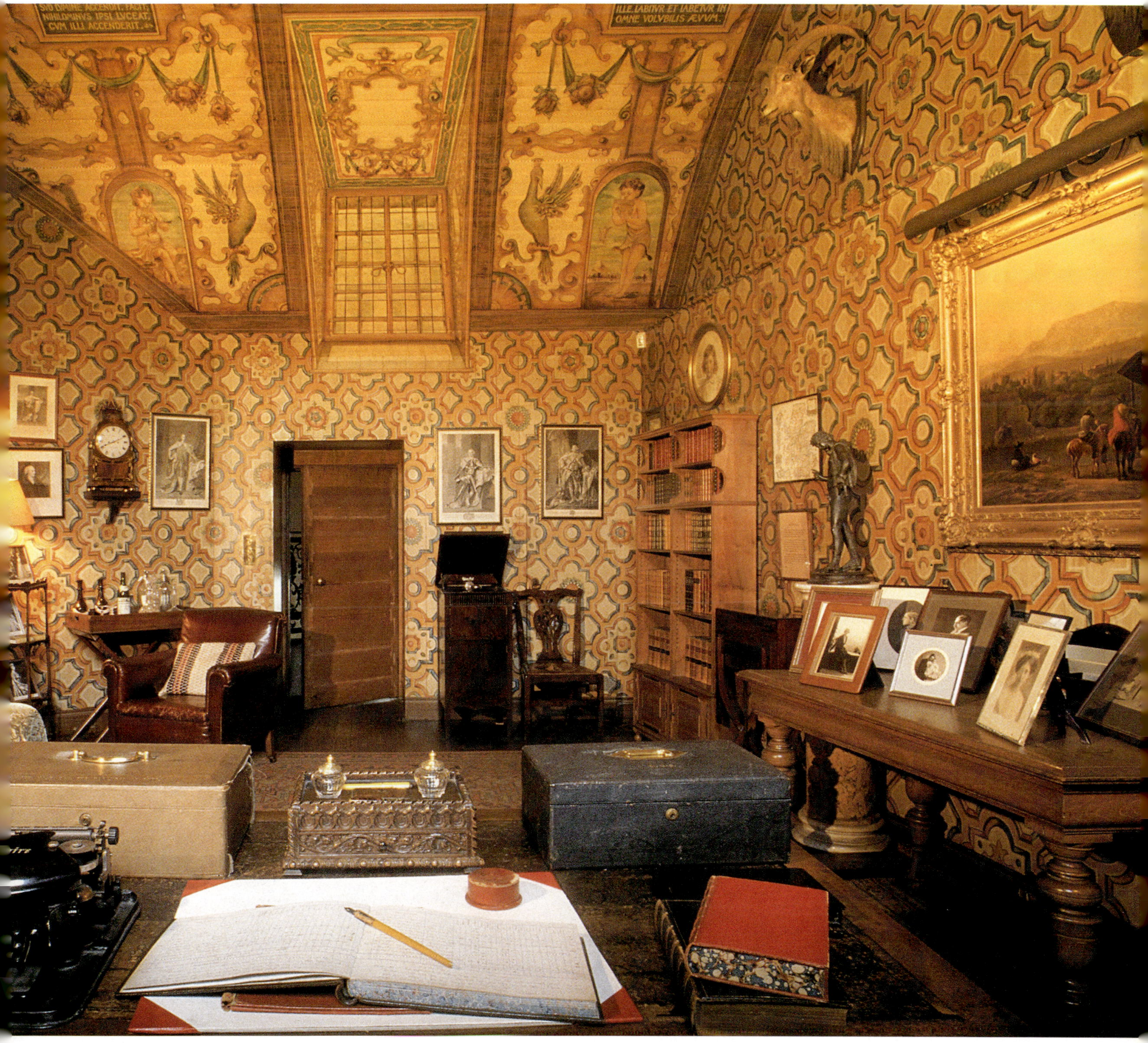
NIHILOMINVS IPSI LVCEAT,
CVM ILLI ACCENDERIT.
ILLE LABITVR ET LABETVR IN
OMNE VOLVBILIS ÆVVM.

34 oben Die Residenz der Familie Roxburghe, Floors Castle, ist umgeben von landwirtschaftlichen Flächen, die sich entlang des Tweed über 56 Meilen erstrecken. Der Grund umfasst fünfzig verpachtete Gutshöfe, zwei Heiden für die Rebhuhnjagd, über 1500 Hektar Wald, einen Golfplatz, eine Rassepferdezucht und ein Lachs-Fischrevier.

34-35 Das auf einem Felsen über dem Meer liegende Tantallon Castle galt als uneinnehmbar, weil es von einem doppelten Graben umgeben war. 1661 ergab es sich aber nach zwölf Tagen Bombardierung dem Heer Cromwells, das von General Monk, dem Gouverneur Schottlands, geführt wurde.

DER SÜDEN SCHOTTLANDS

35 oben *Das heutige Abbotsford House, der Wohnsitz Sir Walter Scotts, stammt aus dem Jahr 1853. Damals wurden der westliche Flügel mit der Kapelle, die Küche und die Zimmer für die Dienerschaft hinzugefügt. Zu seinen Lebzeiten empfing Scott hier Maria Edgeworth, William Wordsworth, Thomas Moore und Washington Irving. Nach dem Tod des Schriftstellers besuchte Königin Viktoria das Abbotsford House und trank mit der Familie Tee.*

35 unten *Die Westfassade des Hopetoun House blickt auf den großen Park am Firth of Forth, durch den einige öffentliche Wege führen. An der Linienführung der Fassade ist die Handschrift des Architekten William Bruce zu erkennen.*

Das Gebiet an der Grenze zu England, südlich der Hauptstadt Edinburgh, mit seinen goldenen Hügeln, den von hohen Hecken umgrenzten Feldern, den Herrschaftshäusern, den verfallenen Abteien, seinen Wäldern und seinen wilden, mit Heide überwachsenen Hügeln, die an jene der Highlands erinnern, erlebte nicht viele ruhige Zeiten. Von den Angriffen römischer Legionen bis zum Einigungsvertrag: Das Tal des Flusses Tweed, die Pentlands und die Moorfoot Hills waren die Schaubühne gewaltiger und blutrünstiger Schlachten. 1513 fand in Flodden Field eine der verheerendsten Schlachten statt, in der das schottische vom englischen Heer vernichtet wurde und in der auch König James IV. fiel. Er hinterließ einen einjährigen Sohn, der ihm als James V. auf den Thron folgte und der spätere Vater von Maria Stuart war. Die Schlösser waren in diesen gefährdeten Gegenden das Bollwerk der Schotten. In der Stadt Hawick, nahe der Grenze, befinden sich die Überreste einer der ältesten Verteidigungsanlagen. Auf einem künstlich erhöhten Erdwall wurde ein Holzturm errichtet, der als Ausblick und zur Verteidigung diente. Zu seinen Füßen schützten Palisaden Häuser und Menschen. Vom Turm selbst ist nichts mehr zu sehen, aber an dem künstlichen Hügel, The Motte genannt, werden heute noch die Common Ridings abgehalten, die an jene turbulenten Zeiten erinnern. Tantallon Castle liegt auf einem Felsvorsprung am Auslauf des Firth of Forth und gehört, obwohl es völlig verfallen ist, zu den beeindruckendsten Schlössern. Das im 14. Jahrhundert

36 oben und 36-37
Nicht weit von Edinburgh entfernt liegt das Dalmeny House, der neogotische Wohnsitz der Grafen Rosebery, der mit französischen Möbeln und wunderbaren Gemälden einiger Meister jener Zeit, Gainsborough, Reynolds und Lawrence, ausgestattet ist. Um das Hauptgebäude herum liegt ein großer Park, der bis zu den nahen Stränden reicht. Auf dem riesigen Grundstück leben bunte Fasane und Schafe, die das bäuerliche Leben von einst in Erinnerung rufen.

37 *Das Duns Castle, der Wohnsitz der Familie Hay aus dem Jahre 1696, liegt in der südlichen Region der Borders, wenige Kilometer von Northumberland im Norden von England entfernt. Die heutigen Eigentümer renovierten das Schloss und gestalteten es ein wenig komfortabler, ohne jedoch seinen Charakter zu verändern. Besonders schön sind der See und der Park. Auf den Fotos sieht man den Speisesaal (oben) und ein Detail der Außenverzierung (unten).*

von der Familie Douglas aus rotem Sandstein errichtete Gebäude ist das letzte mittelalterliche Schloss Schottlands, das mit Schildmauer und Eingangsturm erbaut wurde. Noch älter ist das Traquair House, das stolz und einsam im Tweed-Tal steht und dessen Geschichte eng mit der von Maria Stuart und Bonnie Prince Charlie verknüpft ist. Trotz seiner grenznahen Lage und der Treue seiner Eigentümer zum Hause der Stuarts überschritt das Herrenhaus praktisch unversehrt die Schwelle zum 20. Jahrhundert. Das Haus wird auch heute noch von Mitgliedern der Familie bewohnt, die zu einem Nebenzweig der Stuarts gehört. Ebenfalls im Besitz der früheren Familie ist das Thirlestane Castle, das ursprünglich ein mittelalterliches Schloss war, im Laufe der Jahrhunderte aber erweitert und umgebaut wurde.

Nach der Union mit England am Ende des 18. Jahrhunderts begann für die Region eine Periode des Wohlstands. Der durch die aufkommende Industrie entstandene Wohlstand ließ Kunst, Architektur und Literatur aufblühen. Die Elite des Landes bestand nun nicht mehr nur aus der alten Aristokratie, sondern vielmehr aus Architekten wie William und Robert Adam, Dichtern wie Robert Burns und Schriftstellern wie Walter Scott. Edinburgh wurde zum Zentrum der Kunst und expandierte mit neuen herrschaftlichen Vierteln im georgianischen Stil. Auch in den Borders und in Lothian wurden viele von Parks und italienischen Gärten umgebene Häuser erbaut. Zu den auch aus architektonischer Sicht wichtigsten Gebäuden gehören das Hopetoun House an der westlichen Peripherie Edinburghs und das Mel-

lerstain House zwischen Tweed und Cheviot Hills. Beide entstammen dem Genius der Adams. Die frühen Projekte, das Werk Williams, wurden später von seinen Söhnen, besonders von Robert, weitergeführt. Auch das Floors Castle, das nicht weit entfernt vom Städtchen Kelso liegt, wurde von William Adam begonnen und ein Jahrhundert später vom Architekten Playfair vollendet. Das Floors Castle ist heute das größte bewohnte Schloss Schottlands und wurde für den Film Greystoke als Geburtshaus Tarzans auserkoren. Das Revival des Highland-Mythos beeinflusste die herrschaftlichen Wohnsitze, die im 19. Jahrhundert von den reichen Großgrundbesitzern der Lowlands erbaut wurden. Dazu zählen das Dalmeny House am Firth of Forth und das Abbotsford House, der Lieblingswohnsitz Sir Walter Scotts, des Schriftstellers und Schöpfers des Highland-Mythos und des romantischen Schottlands.

Das von einem großen Park umgebene, am südlichen Ufer des Firth of Forth und wenige Kilometer von Edinburgh entfernt liegende Hopetoun House wurde von Sir William Bruce, dem Architekten von Holyrood Palace, für den ersten Hopetoun-Grafen, Charles Hope, errichtet. Den Grund erwarb 1678 Pater John Hope, Nachkomme einer Familie von Kaufleuten und Richtern. Unglücklicherweise konnte sich John

nicht um seinen neuen Besitz kümmern, da er, während er den Grafen von York, den späteren James VII. von Schottland (James II. von England) begleitete, Schiffbruch erlitt und starb. Man begann die Arbeiten 1699 mit dem Hauptgebäude, das 1721 von William Adam erweitert wurde. Nach dessen Tod im Jahre 1748 entwarfen seine drei Söhne John, Robert und James zwischen 1752 und 1767 die Innenausschmückung. Das Ergebnis ist beeindruckend, auch wenn die Handschrift verschiedener Architekten durchaus offensichtlich ist. Die westliche Fassade und der klassische Mittelbau tragen die Handschrift von Bruce, die östliche Fassade mit ihren geschwungenen Kolonnaden, die den Hauptbau mit den Seitengebäuden verbinden, ist ein Geniestreich William Adams und zählt gewiss zu seinen Meisterwerken. Auch die Innentreppen mit in Holz gearbeiteten Blumen- und Fruchtintarsien sind das Werk von Bruce, während die Salone mit ihren stuckierten und vergoldeten Decken die neoklassizistische Linienführung der Adams erkennen lassen. Das ganze Haus ist geschmückt mit Meisterwerken von Künstlern wie Rubens, Tizian und Canaletto. Die Bilder hatten Familienmitglieder während der zahlreichen Auslandsaufenthalte erworben, die unter den jungen Adeligen des 19. Jahrhunderts so üblich waren. Der prachtvolle Bau war nicht das ganze Jahr bewohnt: Die Herrschaften verbrachten einige Wochen in den Thermen von Bath, verweilten in London, um dort am Hofleben teilzunehmen, oder reisten nach Paris oder Rom. John Mackay schrieb 1728 in seiner *Journey through Scot-*

38 oben *Der Rote Salon ist der einzige Raum des Hauses, der seine ursprüngliche Funktion behalten hat. Die vergoldeten Stuckaturen an der Decke gehören zu den besten Beispielen schottischer Rokoko-Dekoration und sind das Werk von John Dawson. Die rote Damast-Verkleidung der Wände stammt aus dem Jahre 1766. Die Möbel im Paradestil wurden passend zur Wand angefertigt. Im 18. Jahrhundert wurde das Zimmer als Unterhaltungsraum benutzt. Nur gelegentlich stellte man hier ein paar Esstischchen auf. Der weiße Marmorkamin italienischer Herkunft besitzt neoklassizistische Ornamente. Die Diwane und Sessel sind mit rotem Damast umhüllt.*

38 unten *Die Treppe ist sicher das Meisterwerk des von Bruce geplanten Hauses. Die Paneele aus Pinienholz sind mit Blumen- und Fruchtmotiven skulptiert und sind auf das Können Alexander Eizats zurückzuführen, der schon im Holyrood Palace mit Bruce zusammengearbeitet hatte. Der Handlauf der Treppe ist aus Eichenholz geschnitzt.*

38-39 und 39 oben
Die Westfassade des georgianischen Wohnsitzes spiegelt sich im Wasser des Sees im großen Park wider, der einen weiten Blick über die Ufer des Firth of Forth und auf die Hügel der Halbinsel Fife bietet. Am Frühjahrsanfang beginnt die Blüte der unzähligen Narzissen, gefolgt von Glockenprimeln und, am Anfang des Sommers, Rhododendron- und Azaleenblüten. Die Ausmaße des Parks kann man gut auf der Luftaufnahme (auf dem oberen Bild) erkennen.

40 links oben *Sir Robert Bruce schuf dieses Schlafzimmer für den jungen ersten Herzog. Es ist eines der drei Zimmer, zu denen auch ein Umkleideraum und eine Abstellkammer gehören. Die Goldverzierungen an den Wänden wurden 1741 vom Künstler James Norrie aus Edinburgh angefertigt.*

40 links unten *Dieses Schlafzimmer, das Wainscot Bed Chamber, verdankt seinen Namen den Eichenholz-Paneelen, die die Wände bedecken. Die Verzierung stammt vom Anfang des 17. Jahrhunderts. Weiterhin ist eine Reihe von Wandteppichen zu sehen, die aus Anversa stammen und derselben Epoche zuzuordnen sind.*

40 Mitte oben *Die heutige Große Bibliothek besteht aus zahlreichen kleinen Zimmern, die miteinander verbunden sind und ursprünglich Schlafzimmer oder Schreibstuben waren. Die Rekonstruktion und die neue Bestimmung der Räume gehen auf das Jahr 1720 zurück und sind das Werk von William Adam. Die Bibliothek enthält von der Familie gesammelte Bücher über Archäologie, Jurisprudenz, Philosophie, Religion und Geschichte Europas. Das Ambiente ist schlicht, aber sehr bequem, die Wände sind vollständig mit Holz verkleidet, die Bücher in bestem Zustand. In der Mitte des Raumes steht ein Billardtisch.*

40 rechts oben *Der Gelbe Salon befindet sich an der Stelle des früheren Speisesaals. Die Stuckarbeiten der Decke wurden von John Dawson ausgeführt, die Türrahmen und Fenster von John Paterson.*

Die Einrichtung im Rokoko-Stil trägt die Handschrift James Cullens. Die gelbe Damastseide, die die Wände bedeckt, ist noch das Original aus dem Jahre 1850.

land: „Der schöne Palast und die Gärten liegen inmitten eines großen Parks, in dem viele Hirsche leben und der von einer großen Steinmauer umgeben ist. Südlich des Hauptwegs befindet sich der Obstgarten, daneben das Fasanenhaus. Unter der großen Terrasse des Grafen gibt es eine Austernbank, so dass die Küche das ganze Jahr über mit großen Mengen dieser Spezialität versorgt werden kann."

Am 29. August 1822 empfing Sir John Hope, der vierte Graf von Hopetoun, auf seinem Wohnsitz den durch Schottland reisenden König George IV., den ersten Herrscher, der nach Charles II. seinen Fuß auf schottischen Boden setzte. Zu diesem Anlass wurden die Straßen von South Queensferry vollkommen neu gepflastert und die Tore von Hopetoun geöffnet, damit das Volk den König sehen konnte. 1974 gründete die Familie Hope eine Stiftung zur Erhaltung von Hopetoun, machte die Haupträume dem Publikum zugänglich und zog sich zum Wohnen in einen Flügel der Villa zurück. Während der Sommermonate ist der Palast eine hinreißende Kulisse für Konzerte mit klassischer Musik.

40 rechts unten
Das Speisezimmer entstand gleichzeitig mit dem State Dining Room, während im unteren Stockwerk eine große Küche eingerichtet wurde. Auf dem Foto sieht man die Bedienstetenglocken, mit denen man nach den Dienern rief. Die heißen Gerichte brachte man in einem mit Dampf erhitzten Behälter aus der Küche in den Speisesaal.

41 *Den Speisesaal für offizielle Anlässe erdachte der Architekt James Gillespie Graham im 19. Jahrhundert. Es handelt sich hierbei um ein ausgesuchtes Beispiel der späten Regency-Zeit mit dem Originaldekor und der Originaleinrichtung: den vergoldeten Stuckaturen, der großen Rosette im Strahlenglanz der Lampe, dem Kamin, der vergoldeten Verkleidung und den eleganten Vorhängen. Der große Tisch und die Kredenz aus Mahagoniholz stammen aus dem Jahre 1820. An den Wänden befinden sich zahlreiche Gemälde, darunter auch ein Bild der Gräfin Jane von Hopetoun, ein Werk Gainsboroughs.*

THIRLESTANE CASTLE

42 links oben Der große Salon aus dem Jahre 1840 umfasst auch den Musiksaal, der sich im 17. Jahrhundert neben dem ursprünglichen Salon befand. Die Decke ist ein Meisterwerk aus Stuckaturen in der Form von Lorbeerkränzen und Blumen- und Fruchtgirlanden. Die Spiegel mit ihren vergoldeten Rahmen lassen den Raum noch prächtiger erscheinen.

42 links unten Der Speisesaal befindet sich im südlichen Flügel, der nachträglich dem Hauptgebäude angefügt worden war. Die Stuckdecke ist das Werk James Annans. Die roten Wände sind mit Familienbildern geradezu tapeziert und stellen die umfassendste Gemäldegalerie schottischer Schlösser dar.

Das alte königliche Lauder, ein Städtchen im Süden Edinburghs, ist berühmt für seine zu den ältesten zählenden Common Ridings, eine Nachempfindung der für die Region der Borders typischen Ritterkämpfe. An den Ufern des Leader steht das Thirlestane Castle, seit dem 16. Jahrhundert bis heute der Wohnsitz der Familie Maitland. Das Schloss mit seinen durch eine Brüstung oder Fialen umgrenzten kleinen und großen, runden und quadratischen symmetrischen Türmen besitzt die beeindruckendste und lebendigste Fassade von allen schottischen Schlössern. Der ursprüngliche, in die heutige Burg eingebaute Turm aus rosafarbenem Sandstein mit grauen Schieferdächern geht auf das Jahr 1225 zurück. Er wurde von William, dem Sekretär Maria Stuarts, in eine Residenz umgewandelt. Sein Bruder John, der erste Fürst von Maitland sowie Sekretär und Kanzler James' IV., machte sie zu einem luxuriösen Wohnsitz, bestehend aus einem länglichen Steinbau und einem runden Turm an jeder Ecke. Ein Jahrhundert später bemühte sich sein Enkel, der Fürst von Lauderdale, dessen Geist, wie man sagt, immer noch durch die Zimmer der Burg schleicht, um eine Erweiterung von Thirlestane und beauftragte damit den königlichen Architekten William Bruce, der auch Holyrood Palace in Edinburgh entwarf. Bruce ließ zwei mächtige quadratische Türme anfügen, zu denen im 19. Jahrhundert die zwei von David Bryce initiierten Flügel aus dunklerem Stein hinzukamen. Die in viktorianischer Zeit renovierten Innenräume sind mit Stuckdecken aus dem 16. Jahrhundert ausgestattet. Wunderbar sind auch die alten Küchen und die Zimmer der Nursery mit einer alten Spielzeugsammlung: Hier findet man kleine Soldaten, Hampelmänner, diverse Puppen, Schaukelpferde und Puppenhäuser. Das Borders Country Life Museum dokumentiert das häusliche Leben, den Ackerbau und die verschiedenen Sportarten der vergangenen Jahrhunderte.

42-43 und 43 oben
Thirlestane Castle, dessen Fassade das Ergebnis wiederholter Vergrößerungen ist, erstrahlt im Licht der Sonne in seiner ganzen Schönheit Die verschiedenen Farben seiner Steine betonen die Formen des vom Hauptturm dominierten Gebäudes.

42 rechts oben
1840 wurde in den neuen Südflügel die Schlossküche integriert. Dort blieb sie bis zum Ende des Zweiten Weltkriegs in Benutzung In der Mitte des Zimmers thront ein großer Arbeitstisch, in den angrenzenden Zimmern befindet sich heute wieder die Wäscherei.

44 links oben *Das majestätische Bild von Lady Griselle Hume ist ein Werk Maria Varelsts aus dem Jahre 1725. Lady Griselle spielt in der Geschichte von Mellerstain eine wichtige Rolle. Schon als zwölfjähriges Mädchen hatte sie geheime Botschaften ihres Vaters Sir Patrick Hume zu dessen Freund Baillie gebracht, der im Tollbooth in Edinburgh gefangen war.*

44 rechts oben und 44-45 *Die Terrassengärten an der südlichen Seite des Gebäudes bieten eine wunderbare Aussicht auf die Cheviot Hills und auf den See, der von Schwänen, Kanada-* *Gänsen und anderen Wildvögeln bewohnt wird. Der See wurde von George Baillie nach der Rückkehr aus seinem Exil in den Niederlanden angelegt und immer wieder erweitert.*

45 oben *Der kleine, gemütliche und informelle Salon enthüllt mit seiner Stuckdecke einen gewissen gotischen Einfluss. Über dem Kamin, einem Werk Robert Adams, hängt ein reich verzierter Spiegel.*

45 Mitte *Der von Robert Adam entworfene Musiksaal ist ein Meisterwerk des Künstlers. Die mit Adlern und Sphinxen dekorierte Decke zeigt noch die ursprüngliche Farbeinteilung aus dem Jahr 1773. Auch die Spiegel stammen von Adam. Das Gemälde über dem Kamin stellt Sir Patrick Hume dar, den Vater von Griselle Hume. Die Gemälde auf beiden Seiten des Kamins sind von Maria Varelst und zeigen die Töchter Lady Griselles, Lady Murray und Lady Binning.*

45 unten *Der Salon besitzt Stuckdecken in Pastelltönen, die den von Robert Adam konzipierten Decken des Jahres 1778 entsprechen. Der große Architekt entwarf auch den Kamin mit seinen beiden Seitentischen. Über dem Kamin hängt ein Bild der Isabella d'Este aus der Schule Parmigianinos. Der Teppich im Stile Napoleons III. stammt aus Aubusson.*

Dieses große georgianische Haus ist ein weiteres schottisches Meisterwerk des architektonischen Genius der Adams und kann als Symbol des architektonischen Kanons jener Zeit betrachtet werden. Wunderbar erscheint vor allem das harmonische Zusammenspiel von Architektur und Natur. So spiegelt die strenge Linienführung der Fassade jene des italienischen Gartens wider, mit seinen Terrassen, die in Richtung See abfallen, den riesigen Beeten mit blühender Minze und dem feierlichen Blick auf die Cheviot Hills im Hintergrund. Der Haupteingang blickt auf einen Rasen mit Büschen und niedrigen Bäumen, die zum Wald hin immer dichter werden. Das Mellerstain House wurde in zwei Phasen errichtet. Die beiden niedrigen Flügel mit ihrem stillen Landhauscharme tragen die Handschrift William Adams, der 1725 mit dem Bau begann. Der große mittlere Block wurde 45 Jahre später, zwischen 1770 und 1778, von seinem Sohn, dem bekannten Architekten Robert, vollendet. Der strenge gotische Bau aus gelbem Stein ist nur mit einen Zinnenkranz geschmückt. Auftraggeber waren die Baillies von Jerviswood, die Nachkommen jenes George, des Sohnes eines reichen Kaufmanns von Edinburgh, der 1742 den Grund gekauft und bis zu seinem Tod in einem alten Haus namens Whiteside gewohnt hatte, das ein kleines Stück entfernt vom neuen Herrenhaus lag. Es verging eine lange Zeit, bis sein Enkel George Baillie nach Jahren des Exils in Holland und nach wirtschaftlichen Engpässen in seine Heimat zurückkehren konnte. Er tat dies in Begleitung des Fürsten von Orange, des späteren Königs William III., und mit

46 oben Die helle und freundliche kleine Bibliothek befindet sich in den Räumen, die ursprünglich als Ankleidezimmer konzipiert waren. Das Dekor geht auf Robert Adam zurück. Zu den an der Wand hängenden Bildern gehört auch das Gemälde von Thomas, dem sechsten Grafen von Haddington, das ein Werk Sir Godfrey Knellers ist.

46-47 Das Meisterwerk Robert Adams, die Bibliothek, ist voller Anspielungen auf die klassische Antike. Auf den vier langen Paneelen oberhalb der Bücherregale sieht man Figuren aus weißem Stuck auf dunkelgrünem Hintergrund, die klassische Themen wie die neun Musen, das Opfer der Iphigenie und das Flehen Priamos' um den Leichnam des Hektor verkörpern.

47 oben *Die Große Galerie ist ein langer und heller Raum, dessen Decke von Robert Adam entworfen, aber nie vollendet wurde. Heute beherbergt die Galerie Sammelstücke der Familie aus den letzten zwei Jahrhunderten. Unter den Gemälden an den Wänden befindet sich* Der Bürgermeister Le Blom von Anversa, *der van Dyck zugeordnet wird.*

47 unten *Im Eingang befindet sich der von William Adam entworfene Kamin mit seinen wertvollen Keramikfliesen aus Delft. Über dem Kamin hängt ein Gemälde der Tweed-Landschaft bei Kelso, ein Werk von R. Norrie aus dem Jahre 1725. Der runde Tisch stammt aus viktorianischer Zeit. Helme und Hellebarden vervollständigen die Ausstattung.*

dem Ziel, das Grundstück wieder in Besitz zu nehmen. Das Mellerstain House wurde restauriert und für den Bau des neuen Wohnsitzes beauftragte man William Adam. Die Gattin von George Baillie, Lady Griselle Hume, wurde zu einer legendären Gestalt: Ihr Household Book ist ein Standardwerk für das Verständnis des sozialen Lebens jener Zeit. Nach Georges Tod ließ sein Enkel George Haddington Baillie den Bau vollenden, so wie wir ihn heute sehen. Beeinflusst vom klassischen Geschmack, den er auf seiner Grand Tour durch Griechenland und Italien entwickelt hatte, wählte er Robert Adam als Architekt. Die Handschrift dieses Baumeisters ist an der Dekoration der eleganten Innenräume festzustellen, die bis heute ihre ursprünglichen Pastellfarben und ihre mit Stuckaturen und Medaillons geschmückten Decken bewahrt haben. Das Meisterwerk ist die Bibliothek mit ihren Schattierungen aus Pastellfarben (blass-grün, rosa, grau-blau und elfenbeinfarben), in die sich Stuckaturen, Medaillons, die Bücherregale und Paneele mit klassischen Figuren integrieren. Die Great Gallery im zweiten Stock, ein zusätzliches Zimmer mit ionischen Säulen, ist ein weiterer Geniestreich Roberts, wenn auch die Decke niemals vollendet wurde. Rätselhaft bleibt die Funktion eines so großen und prachtvollen Raumes in einer abgelegenen Ecke des Hauses, der durch eine Nebentreppe und durch einen östlich gelegenen kleinen Salon erreichbar ist. Das Mellerstain House birgt auch eine schöne Sammlung von Möbeln und Gemälden jener Epoche, darunter einen van Dyck.

FLOORS CASTLE

Auf einer natürlichen Terrasse am Fuße der Cheviot Hills, in der Mitte eines Landbesitzes im Tweed-Tal, wenige Kilometer vom Städtchen Kelso entfernt, steht Floors Castle. Die Bauarbeiten begannen 1721 auf Veranlassung von John, dem ersten Herzog von Roxburghe. Der aktive Befürworter eines Unionsvertrags übertrug William Adam die Aufgabe, das frühere befestigte Schloss in eine Residenz im georgianischen Stil umzuwandeln. Das von diesem großen Architekten verwirklichte Werk ist heute nur noch auf einem Gemälde William Willsons an den Salonwänden zu bewundern. James, der sechste Herzog, war nämlich der Meinung, das Gebäude Adams „verschönern" zu müssen. Im Jahre 1849 ließ der Architekt William Playfair seinen Ideen und seinem Talent freien Lauf und baute eine solche Menge an Türmchen und Kuppeln dazu, dass das Gebäude, nach einem Kommentar Sir Walter Scotts, wie „das Schloss von Oberon und Titania", dem König und der Königin aus Shakespeares Sommernachtstraum, aussah. Am Anfang des Jahrhunderts wurde das Floors Castle dank der Heirat des achten Herzogs mit einer reichen Amerikanerin um eine wichtige Kunstsammlung bereichert.

In den dreißiger Jahren nahm man im Inneren einige Modifikationen vor, hauptsächlich im Salon und im Ballsaal. Beide wurden vollkommen renoviert, um für die Wandteppiche aus Brüssel und für die Gobelins Platz zu schaffen.

49 oben *Die Eingangshalle wird vom Gemälde des dritten Herzogs beherrscht, das von Pompeo Batoni 1761/62 in Rom angefertigt wurde. Das große Bild Hendrick Danckerts' über dem Kamin zeigt Charles II. auf einem Spaziergang. Im Hintergrund sieht man den Whitehall-Palast. In der Mitte des Raumes befindet sich ein Eichentisch mit Beinen in Löwenprankenform.*

49 unten *Dieses Zimmer wurde 1930 von der Herzogin May neu eingerichtet, um es gemütlicher erscheinen zu lassen. An den Wänden befinden sich ein Gemälde des jetzigen Herzogs, das Werk Howard Morgans, und ein Bild von Floors Castle, so wie es später auch von William Adam verwirklicht wurde. Auf dem Tisch neben dem Kamin steht ein kleines Aquarell von Kelso, das die Signatur Turners trägt.*

50 Der Ballsaal war für große Empfänge bestimmt und wurde 1842 von Playfair so konzipiert, dass man die spektakuläre Aussicht auf den Tweed genießen konnte. In den dreißiger Jahren verdeckte die Herzogin May die Dekorationen aus dem 19. Jahrhundert mit Eichenpaneelen, an denen sie Wandteppiche aus dem 18. Jahrhundert mit Darstellungen von Neptun, Ceres, Venus, Cupido und Juno aufhängte.

51 Der vom Architekten Playfair ursprünglich als Billardsaal konzipierte Raum wurde später in einen Speisesaal umgewandelt. Heute befindet sich hier eine Silberausstellung, darunter auch das von Paul Stort 1726 kreierte Besteck und die Tassen mit vergoldeten Silberhenkeln von Paul de Lamerie. An der Wand hängt ein Gemälde der Schauspielerin Peg Woffington, ein Werk von William Hogarth.

Das Tweed-Tal war die schottische Lieblingsgegend Sir Walter Scotts, des Schriftstellers, der mit seinen historischen Romanen einen Beitrag zur Mode des romantischen Schottlands und zur Wiederkehr des Dudelsacks und des Kilts leistete, die seit der Niederlage von Culloden verboten waren. Schon als kleiner Junge lernte er auf dem Hof seines Großvaters in der Nähe des Mellerstain House den Liebreiz der Region kennen und lieben. Als er 1799 zum Sheriff von Selkirk ernannt wurde, zog er in die Borders. 1812 erwarb er das Gut Cartleyhole, wo er begann, neue Romane, darunter auch Waverley und Rob Roy, zu schreiben. Zehn Jahre später ließ er das alte Haus abreißen und Abbotsford errichten. Der neue Name sollte daran erinnern, dass der Grund in früheren Jahren einmal im Besitz der reichen Abtei Melrose gewesen war. Das neue Gebäude, üppig geschmückt mit Türmchen und Festons, schuf William Atkinson nach dem Vorbild eines schottischen Fürstensitzes aus dem vorausgehenden Jahrhundert. Ganz seinem Stil entsprechend machte Scott sein Haus zu einem Hort von Symbolen und Gegenständen der schottischen Romantik, angefangen beim Schwert, das wohl dem heldenhaften Banditen Rob Roy McGregor gehört hatte, bis zu einer Nachahmung des Portals der benachbarten Abtei. In der Bibliothek, einem Raum mit Blick auf den Fluss, sind die Wände mit den vom Schriftsteller gesammelten 9000 Büchern zugestellt. Die Decke ist eine originalgetreue Replik der Decke der Rosslyn-Kapelle.

52 Mitte und unten *Das Abbotsford House ist der Inbegriff der schottischen Romantik des 19. Jahrhunderts. Der Schriftsteller war ein Liebhaber der legendären Geschichte Schottlands. Er war stolz auf sein Land und verehrte die Helden der Highlands, wie den heldenhaften Rob Roy und den ruhmreichen William Wallace, über die er Gegenstände und Erinnerungen sammelte.*

52-53 *Das im Grünen stehende Abbotsford House auf der Luftaufnahme ist üppig in neoklassizistischem Stil verziert. Im Inneren befindet sich das Scott Museum, das vom Leben des Romanautors erzählt.*

53 oben *1812 zog Sir Walter Scott mit seiner Familie an den Hof von Cartleyhole. Von 1817 bis 1821 erweiterte er den kleinen Gutshof und machte aus ihm das heutige Abbotsford House, dessen zum Fluss gewandte Fassade man hier sieht. Als der Schriftsteller 1830 verarmte, kümmerten sich seine Gläubiger um das Abbotsford House.*

54 oben *Die Biblio-thek ist der schönste Raum des Abbotsford House und blickt di-rekt auf den Fluss Tweed. An den Wän-den befinden sich die über 9000 von Walter Scott gesammelten Bände. Einige von ih-nen tragen auf dem Rücken den Stempel „Clausus tutus ero", ein Anagramm von Gualterus Scotus. Die Decke ist eine Kopie der zerstörten Kapelle von Rosslyn.*

54-55 *Die Eingangs-halle von Abbotsford ist mit Eichenholz-Paneelen verkleidet. Einige davon sind fein skulptiert und stammen von Auld Kirk von Dunfermli-ne. Andere wiederum sind aus dem Holy-rood Palace. In die-sem Raum kann man auch Harnische, Hel-me und andere von Sir Walter Scott auf dem Schlachtfeld von Waterloo gesammelte Gegenstände besichti-gen.*

55 links oben Im kleinen Waffensaal zwischen dem Salon und dem Speisesaal, der zur Zeit Scotts als Rauchkorridor benutzt wurde, ist eine große Pistolen- und Schwertsammlung ausgestellt, in der sich auch ein Highland-Zweihänder befindet. Einige Gegenstände sind mit Rob Roy, dem schottischen Helden und Protagonisten eines der Romane Scotts, verbunden.

55 rechts oben Im Speisesaal, der auch heute noch für die Mahlzeiten der Familie benutzt wird, starb Sir Walter Scott am 21. September 1832. „Es war ein so ruhiger Tag, dass man sein Lieblingsgeräusch, das leise Murmeln des Tweed, hören konnte, während wir um sein Bett standen", schrieb sein Schwiegersohn Walter Lockhart.

55 rechts in der Mitte Das Privatstudio im für die Öffentlichkeit nicht zugänglichen Gebäudeflügel ist voller Erinnerungen und Kostbarkeiten der Familie. Die Nachkommen von Sir Walter Scott bewohnen noch heute die Residenz aus dem 19. Jahrhundert.

55 rechts unten Der Schreibtisch Sir Walter Scotts ist eine Kopie des Tisches von seinem Freund John Morrit und besteht aus dem Holz eines Schiffes der spanischen Armee. In diesem Raum schrieb der Autor, der alte Gedichte und Erzählungen sammelte, um sie in Balladen und Romane umzudichten, seine historischen Romane.

Das mächtige und beeindruckende Traquair House mit seinen kleinen Fenstern und seinen zwei niedrigen Seitenflügeln ist der älteste ständig bewohnte Wohnsitz Schottlands und hat seinen Ursprung im ersten Jahrtausend. Seine erste Erwähnung wird auf das Jahr 1107 datiert. Zu dieser Zeit war es, während der Schlachten im Ettrick-Wald, das Jagdhaus Alexanders I. Alexander war der erste einer langen Reihe schottischer Könige, die in Traquair wohnten, das bis zum 13. Jahrhundert königliche Residenz war. Zur Zeit Davids I., des Nachfolgers Alexanders, wurden hier Gesetze erlassen und die Justiz verwaltet. Viele der Traquair Charters,

wie der von William the Lion unterzeichnete Gesetzestext, der Glasgow das Stadtrecht zusprach, werden noch im Schloss aufbewahrt und abwechselnd im Museumsraum und in der Bibliothek ausgestellt. Mit dem Tod Alexanders III. im Jahre 1286 ging die älteste Dynastie schottischer Könige zu Ende und mit ihr das friedliche, ruhige Leben der Borders. Während der Unabhängigkeitskriege wurde Traquair nämlich wegen seiner Flusslage zu einem strategisch wichtigen Element des Verteidigungssystems. Der Lauf des Tweed wurde erst viel später, in der zweiten Hälfte des 17. Jahrhunderts, vom ersten Grafen von Traquair verlegt, um die Fundamente des Schlosses vor Feuchtigkeit zu schützen. Der Bau wurde unter der Herrschaft von Edward I. und II. von den Engländern besetzt, dank Robert the Bruce kam er aber wieder in schottischen Besitz. Die nächsten hundertfünfzig Jahre wechselte Traquair House je nach der politischen Situation immer wieder seine Eigentümer. Als James III. 1460 den Thron bestieg, schenkte er Traquair Robert Lord Boyd. 1478 kam es in den Besitz des Herzogs von Buchan, des Onkels des Königs. Von ihm ging es wiederum auf den Sohn James Stuart über, einen Vorfahren der heutigen Eigentümer. Die Stuarts von Traquair setzten sich für Maria Stuart und später für die Sache der Jakobiten ein. Aus diesem Grunde wurde das Schloss zu einem Refugium für katholische Priester, wie das Priester-Zimmer beweist, das durch eine geheime Treppe zu erreichen war und über sechzig Jahre lang einen Geistlichen beherbergt haben soll.

1566 verweilte Maria Stuart mit Lord Darnley auf Traquair. Auch Prinz

Charles Edward kam hierher. Das Ehrentor, das Bear Gate, das wegen der Bärenfiguren, die die Pilaster schmücken, diesen Namen trägt, ist seit 1745 geschlossen, seit der damalige Graf Bonnie Prince Charlie Segenswünsche mit auf den Weg gab und schwor, dass das Tor erst wieder geöffnet werde, wenn die Stuarts auf den Thron zurückgekehrt seien.

Das heutige Traquair ist das Ergebnis zahlreicher Umbauten, die hauptsächlich zwischen dem 15. und 16. Jahrhundert stattfanden, aber schwer genau zu datieren sind. Der alte Verteidigungsturm der schottischen Könige wurde in das Mansion House eingegliedert: In der Mitte des 16. Jahrhunderts fügte man zum Schutz des westlichen Bereichs einen neuen Flügel mit einem rechteckigen Turm an. Ein weiterer Flügel wird auf das Ende des 17. Jahrhunderts datiert. Im Inneren kann man Keramik- und Porzellansammlungen bewundern, Gemälde der lokalen Herrscher, die Betten, in denen die Königsfamilie während ihres Aufenthaltes zu ruhen pflegte, und eine schöne Bibliothek mit zahlreichen alten Bänden, die leider zum größten Teil Feuchtigkeitsschäden haben. Die Kapelle ist mit hölzernen Basreliefs aus Flandern geschmückt. Im Keller befindet sich eine Werkzeugsammlung und am Eingang ein interessantes Klingelsystem, mit dem man die Dienerschaft rief. Traquair House besitzt eine alte, noch betriebene Brauerei, in der das Bier nach traditionellen Methoden gebraut wird.

DER WESTEN SCHOTT-LANDS

60 oben *Die Symmetrie von Drumlarig Castle spiegelt sich auch in kleinen Details wie den Fenstern, Kaminen und den Türmen wider. Das faszinierende Gebäude aus rosafarbenem Stein aus dem 17. Jahrhundert ist von einem großen Park umgeben, der bis zu den Dumfriesshire Hills reicht.*

60-61 *Das 1270 erbaute und in den folgenden Jahrhunderten erweiterte Caerlaverock Castle besitzt drei Ecktürme, von denen einer völlig zerstört ist. Der Eingang auf der Nordseite macht einen besonders soliden Eindruck. Trotzdem wurde das Schloss gleich nach Fertigstellung von den Engländern erobert.*

An der zerklüfteten Küste, an der die Grenzlinie zwischen Meer und Seen nicht genau auszumachen ist, dort kamen einst die irischen Mönche an und brachten das Christentum in das Land der Pikten und Schotten. Die Überlieferung berichtet, dass die Geistlichen vom Stone of Destiny, dem Stein des Schicksals, begleitet wurden. Dieser symbolisiert seit jener Zeit die Macht der Krone und auf ihm werden in der Westminster Abbey auch heute noch die englischen Könige gekrönt. Seit dem 5. Jahrhundert lebten die Kelten mit den eingeborenen Völkern im kleinen Dalriada-Reich zusammen. Ihre königliche Hauptstadt war eine Festung auf dem Dunadd-Hügel, der von Wasser und sumpfigen Gebieten umgeben war. Heute sieht man auf dem Felsen, der zum kahlen Crinan Moss blickt, nur noch Teile der Mauer, einen ausgehöhlten Stein und eine Tafel mit Inschriften in Ogham, der ältesten keltischen Schrift, Indizien, die auf die alte Krönungszeremonie verweisen. Die Überlieferung berichtet auch, dass der Heilige Columbanus im Jahre 574 König Aidan gekrönt habe und damit möglicherweise die erste christliche Zeremonie auf den britischen Inseln stattgefunden habe. Die Angriffe der Wikinger und ihre Niederlassung an jenen Küsten, die sie an die Fjorde erinnerten, minderten nach und nach die Macht des kleinen Königreiches. Man verschob die Hauptstadt nach Dunstaffnage im Norden von Oban. Von dort aus begann Kenneth McAlpine im Jahre 850 mit der Vereinigung seines Reiches mit dem der Pikten

und verlegte den Hof und den Stone of Destiny nach Scone, ins zentrale Schottland. Unter Malcolm Canmore wurde die Region im Jahre 1060 ein Teil des schottischen Reiches, wenn sie auch dank der großen Macht der lokalen Adeligen immer eine gewisse Unabhängigkeit behielt. Im 12. Jahrhundert erlangte Somerled, ein Anführer Morvens, durch seine Heirat mit der Tochter eines norwegischen Königs große Macht und begründete mit seinen drei Söhnen den McDonald-Clan. Gegen Ende desselben Jahrhunderts lebte hier Cailen Mor of Loch, der Stammvater der Campbells, dessen Nachfahren Herzöge, Grafen und Marquis von Argyll waren.

Die relative Autonomie von der Krone endete 1455, als James II. sich des Threave Castle, der Residenz der Douglas, der Herren Galloways, bemächtigte. Das fünfstöckige Turmhaus auf einer Insel des Flusses Dee wurde zwischen 1369 und 1390 vom dritten Douglas-Herzog errichtet. Das von einem Graben umgebene Caerlaverock Castle, eine Festung mit seltsamem dreieckigem Grundriss, geht auf das 13. Jahrhundert zurück. Sein Äußeres ist relativ kahl, der Innenhof aber ist mit Renaissance-Motiven verziert. Nach den Unabhängigkeitskriegen erlebte die Region eine lange Periode von Streitigkeiten zwischen den verschiedenen Clans um Macht und Land, teils an der Seite der schottischen Krone, teils gegen sie. Die tragischerweise berühmteste Episode ist das Massaker der McDonalds durch die Herren Argylls, die Campbells. Die Regierung von London hatte für die endgültige Unterwerfung der Clans unter die Krone ein Datum festgesetzt, nämlich den 31. Dezember 1691. Die McDonalds von Glen Coe kamen zu spät nach Fort William und verpassten den Magistrat, der ihnen den Schwur abnehmen sollte. Sie begaben sich daher nach Inveraray, um dort den Unterwerfungsakt zu vollziehen. Die Akten kamen in Edinburgh mit einigen Tagen Verspätung an, was den Engländern Grund genug für eine besonders harte Bestrafung war: Am 13. Februar 1692 wurden in Glen Coe mehr als zweihundert Menschen getötet, unter ihnen auch Frauen, Greise und Kinder. Das Schloss der Herzö-

ge von Argyll, der Anführer des Campbell-Clans, befindet sich in Inveraray und geht in seiner heutigen Form mit den vielen Türmchen und seinen falschen Zinnen auf das 18. Jahrhundert zurück. Aus derselben Epoche stammt Culzean Castle, ein Meisterwerk Robert Adams: Es ist weniger eine Burg als elegante neoklassizistische Residenz mit Park und mit Blick auf das Meer.

Der zweite große schottische Architekt, Sir William Bruce, beteiligte sich am Bau des Drumlanrig Castle im Herzen von Dumfries und Galloway im Südwesten Schottlands. Das Brodick Castle auf der Insel Arran wiederum ist das Ergebnis sukzessiver Erweiterungsarbeiten, wobei die zuletzt erfolgten auf das 19. Jahrhundert, auf die Viktorianische Epoche, zurückgehen.

62 oben Das Schloss Dunstaffnage steht auf einem Gebirgsausläufer, der Loch Etive beherrscht. Das heutige Gebäude stammt aus dem 13. Jahrhundert und besitzt eine mächtige Ummauerung und drei Verteidigungstürme. In der Mitte des 18. Jahrhunderts war es das Gefängnis von Flora McDonald, der Frau von der Insel Skye, die Bonnie Prince Charlie zur Flucht verhalf, dem letzten, unglückseligen Stuart, der Ansprüche auf den schottischen Thron geltend gemacht hatte.

62 unten Das Threave Castle ist, obwohl nur noch Ruinen geblieben sind, romantisch und beeindruckend. Man erreicht es auf einem Boot über den Fluss Dee. Nach der Schlacht von Flod-den Fields fügte man einen Verteidigungsbau mit Mauern und Türmen an. Vom Schloss selbst sind nur noch die Mauern übrig, die 1640 der Belagerung der Covenanters widerstanden hatten.

62-63 Das Bothwell Castle in Strathclyde ist das schönste und größte schottische Schloss des 13. Jahrhunderts. Während der Unabhängigkeitskriege wurde es heiß umkämpft. Ein Teil des ursprünglichen runden Turmes steht noch heute, wenn auch der größte Teil des Schlosses auf die Erweiterungen des 14. und 15. Jahrhunderts zurückgeht.

INVERARAY CASTLE

65 rechts Im Waffensaal findet man Hellebarden des 16. und 17. Jahrhunderts, Brown-Bess-Musketen von 1740, Beile aus dem Jahr 1847 und schottische Schwerter von 1700 mit doppelter Klinge. Alle Waffen wurden halbkreisförmig angeordnet, um die Architektur des Raumes zu betonen. In den Vitrinen befinden sich schottische Dolche und Messer, Schießpulver-Fläschchen und Gürtel und der Griff des Dolches Rob Roys.

64-65 Auf dieser Luftaufnahme sieht man Inveraray Castle in seiner ganzen Schönheit. Die Symmetrie der Gärten und die wilde Landschaft ringsum lassen es besonders romantisch erscheinen. Die gotischen Türme, die Fialen und der Eklektizismus der Außendekoration machen es zu einem wahren Märchenschloss.

65 links oben Der Gobelinsaal wurde in den Jahren 1780 bis 1790 im eleganten französischen Stil mit einer Sammlung echter Beauvais-Gobelins eingerichtet. Die Üppigkeit des Raumes wird von den Stuckarbeiten und den Gemälden des Künstlers Girard noch unterstrichen. Auf dem runden Marmortisch ist das Wappen des siebten Herzogs und seiner dritten Frau Anne Colquhon Cunningham eingearbeitet.

65 links unten Im Viktorianischen Zimmer wird der Schreibtisch aus Ahornholz aufbewahrt, ein Geschenk Königin Viktorias an ihre Tochter Louise anlässlich deren Heirat mit dem späteren Herzog von Argyll. Zwischen den beiden Fenstern ist eine Hochzeitsszene in der Windsor-Kapelle zu sehen, die von Sydney Hall gemalt wurde.

Inveraray ist eine Ortschaft, die im 18. Jahrhundert am Ufer des Loch Fyne errichtet wurde, in der Nähe der Mündung des Flusses Aray, dem es auch seinen Namen verdankt. Das über einem kreuzförmigen Grundriss hochgezogene Castle ist ein vollendetes Beispiel neoklassizistischer Architektur. Archibald, der dritte Herzog von Argyll, verfolgte ein ehrgeiziges Vorhaben, nämlich die Erneuerung des verfallenen mittelalterlichen Schlosses, das 1457 von seinem Vorfahren Colin errichtet worden war. Um das neue Herrenhaus und den umliegenden Park verwirklichen zu können, verlegte man das alte Örtchen. Die Arbeiten fanden zwischen 1770 und 1780 unter unzähligen Schwierigkeiten statt, da das Straßensystem zu dieser Zeit

noch nicht sonderlich ausgebaut war. Die neue Residenz der Campbells, der Herzöge von Argyll, die während der Religionskriege in der Mitte des 17. Jahrhunderts die Anführer der Covenanters waren, ist dem Architekten Roger Morris aus der Schule Palladios zuzuschreiben. Das symmetrische Aussehen des Gebäudes wurde allerdings im darauffolgenden Jahrhundert verändert und in ein unglaubliches stilistisches Chaos verwandelt, als man nach einem Brand auf den Ecktürmen Spitzen anbrachte und Dachfenster mit kleinen Tympanons hinzufügte. Das heute zu besichtigende Endergebnis ist ein Turmgebäude, das mit seinen prunkvoll verzierten Salonen wie ein Märchenschloss aussieht. Am prächtigsten ist der Galadiner-Saal mit seinen 1784 von den französischen Malern Girard und Gruinard ausgeführten Schmuckornamenten.

66 *Ein Exemplar des Gänsepaares des chinesischen Kaisers Ch'ien Lung (1736-1795) ist im Speisesaal ausgestellt. Im Schnabel hält sie einen Fisch, während ihr Pendant einen Aal trägt. Die bei-* *den Keramiken wurden als Suppenschüsseln verwendet. Zusammen mit der kleinen Kanone aus Gold und Silber gehören sie zu den auserlesensten Stücken des Schlosses.*

Zwischen der Halbinsel Kintyre und der westlichen Küste beherrscht der Gipfel des Goat Fell die kleine Insel Arran. An seinem Fuße, in Richtung Brodick-Bucht, steht ein Efeu-umranktes Schloss aus rotem Stein. Der an die viktorianische Romantik erinnernde Bau ist von einem farbenprächtigen Park umgeben und war bis 1957 das Haus der Herzöge von Hamilton, die hier studierten, im Garten arbeiteten und in zwangloser Atmosphäre Freunde empfingen. Nach dem Tod der letzten Eigentümerin ging das Schloss in den Besitz des Staates über, der es wiederum dem National Trust for Scotland anvertraute. Das Schloss wurde im 13. Jahrhundert über den Ruinen einer Wikinger-Festung errichtet. Von diesem mittelalterlichen Turm, der von strategischer Bedeutung für die Verteidigung der Clyde-Mündung war, sind nur ein paar Teile des Fundaments übriggeblieben.

66-67 und 67 oben
Das Brodick Castle ist ein elegantes viktorianisches Schloss mittelalterlichen Ursprungs, das man über eine breite Allee erreicht. Rings um das Schloss erstreckt sich ein großer Garten mit Blumenbeeten und Rhododendren, die von der letzten Herzogin von Montrose gepflanzt wurden. 1980 wurden die Wälder von Brodick Castle zum ersten Naturpark der schottischen Inseln ernannt, eine Geste der Countryside Commission for Scotland, die sich mit Umweltangelegenheiten befasst. Im Wald leben Eichhörnchen, ein Wanderfalke und auch ein Königsadler.

68 links unten *Die große und helle Küche ist ausgestattet mit zwei Herden, drei Backöfen und einem alten, hydraulisch betriebenen Bratspieß. Fast alle Kupfer-Kochtöpfe gehören zur ursprünglichen Einrichtung, nur ein paar sind jüngeren Datums. Ein Großteil des Geschirrs aus Hartzinn ist mit dem Symbol der Familie Hamilton versehen.*

68 rechts oben *Der Drawing Room ist der größte Salon des Schlosses. Er wurde 1844 in einen in viktorianischer Zeit errichteten Nebenbau verlegt. Hier findet man viele wertvolle Kunsthandwerksgegenstände, wie Kerzenhalter und Keramiken, und einige Meisterwerke der Malerei, wie das von de Laszlo gemalte Bildnis der Herzogin von Montrose.*

69 rechts oben *François Clouets Bildnis des Herzogs von Alençon hängt an der Wand des Drawing Room genannten Raumes. Das Werk gehörte früher Charles I., wie ein Vermerk auf der Rückseite zeigt.*

Als William, der zweite Herzog von Hamilton, in der Schlacht von Worcester fiel, besetzten die Truppen Cromwells 1652 das Schloss und fügten ihm einen zweiten Flügel an. Wegen der ständigen Bauarbeiten besuchte die königliche Familie die Burg erst im vorigen Jahrhundert. Unter dem Eindruck des Highland-Revivals und angezogen vom üppigen Wildbestand beschlossen die Hamiltons, den Besitz nicht weiter zu verändern, zudem er ja nur ein relativ unbedeutender Teil ihres Besitzes war, dessen Mittelpunkt der Hamilton Palace in Lanarkshire darstellte. 1843 gab Alexander, der zehnte Herzog, aus Anlaß der Hochzeit seines Sohnes William, des zukünftigen elften Herzogs, mit der deutschen Prinzessin Maria von Baden, der Cousine Napoleons, eine Erweiterung des Gebäudes in Auftrag. Die Ausarbeitung eines neuen Flügels

westlich des alten Turmes übertrug man James Gillespie, einem der Architekten der New Town in Edinburgh. Das Ergebnis ist ein herrschaftliches Haus, dessen neues Gebäude sich in das alte wunderbar einfügt und dessen lineare Fensteranordnung mit den Zinnen und den Dachgiebeln harmoniert. Die beeindruckende und zugleich auch düstere Eingangshalle mit den Waffen, den Jagdtrophäen und dem Kamin aus intarsiertem Eichenholz mit dem Familienwappen trägt die Handschrift Gillespies. Das Schloss birgt eine reichhaltige Silber-, Porzellan- und Gemäldesammlung, darunter auch Werke von Watteau und Turner, und einen Teil der umfangreichen Sammlung William Beckfords, des Schwiegersohns des zehnten Herzogs. Wunderbar sind auch die Bibliothek mit den mittelalterlichen Drucken an der Wand und die Küche. In der Nähe des Schlosses liegt, umgeben von einer Mauer, ein Garten, der auf das Jahr 1710 zurückgeht. Ein wahres Meisterwerk ist der Rhododendron-Garten, der mit seinen unglaublich vielen unterschiedlichen Sorten zu den eindrucksvollsten ganz Großbritanniens gehört. Interessant ist auch der Eiskeller, in dem im Winter der auf den Bergen gesammelte oder aus Kanada importierte Schnee gelagert wurde. Dieser entsprach dem Jahresbedarf und diente im Zeitalter vor der Erfindung des Kühlschranks zur Konservierung von Nahrungsmitteln. 1980 wurden die Wälder des Grundstücks zum Country Park erklärt, mit Wegen von insgesamt 15 Kilometern, die als Lieblingswege der Familien Hamilton und Montrose galten.

68-69 *Der sich in einem Flügel des 16. Jahrhunderts befindende Speisesaal ist majestätisch und eindrucksvoll. Seine Decke aus weißem Stuck wird auf das Jahr 1844 datiert, die Holzpaneele aus Letheringham Abbey in Suffolk wurden 1922 montiert. Über dem Kamin hängt das Gemälde Philip Reinagles, das den Kampf zwischen William Warr und William Wood im Jahre 1788 bei Nevestock darstellt. Der Tisch wird jedes Jahr nach den Traditionen der Familie mit dem zur Sammlung Beckford bzw. Hamilton gehörenden Silber und Porzellan gedeckt.*

69 oben links *Der Eingang wurde 1844 vom Architekten James Gillespie Graham entworfen. Über dem Kamin ist das Wappen des Herzogs von Hamilton in Eichenholz geschnitzt. Die Möbel sind hauptsächlich in viktorianischem Stil gehalten. In einigen Fällen wurde für ihre Herstellung das Holz der vorherigen Einrichtung benutzt. Im Eingang und an der Treppe hängt eine Jagdtrophäen-Sammlung mit 87 Hirschköpfen. Wertvoll ist auch die Gemäldesammlung mit Sportdarstellungen, ein Werk von James Pollard.*

CULZEAN CASTLE

Hinter den Fenstern erblickt man das graue Wasser des Firth of Clyde und den Mull of Kintyre, den schmalen Landstrich, der sich im Ozean verliert. Die Innenräume sind eine Komposition aus Stuck, Pastellfarben und Kristallleuchtern.

Im Salon des Culzean Castle an der südwestlichen Küste, wenige Kilometer von den berühmten Golfplätzen von Turnberry entfernt, vermischt sich das rauhe und romantische Szenario der Gegend mit der Eleganz der georgianischen Architektur und mit den Werken Robert Adams, des berühmten britischen Architekten. Das Schloss steht auf einer Klippe steil über dem Meer, innerhalb eines 1744 von Sir Thomas Kennedy, dem neunten Grafen von Cassilis, ererbten Grundstücks. Das ursprüngliche mittelalterliche Schloss bestand aus einem runden Turm mit jeweils einem Zimmer pro Stockwerk und war ein Verteidigungsbau, also ohne jeglichen Komfort. 1760 beschloss der Graf daher, direkt zum Meer hin einen langen Flügel anzubauen. Das Gebäude spiegelt seinen Pragmatismus wider; der Graf war mehr an der Modernisierung des Schlosses als an einer eleganten Ausstattung interessiert. Sein Bruder David, der zehnte Graf von Cassilis, drängte siebzehn Jahre später auf eine Veränderung und beauftragte den Architekten Robert Adam, Culzean Castle zu renovieren und es dem mondänen Stil der Epoche anzupassen. Der alte Flügel wurde niedergerissen und durch einen runden Turm ersetzt, der die romantische Aura der Anlage betonte. Innen, im ersten Stock, schuf Adam den spektakulären Salon, ein Symbol der Eleganz des Jahrhunderts, dessen Einrichtung von tiefer Liebe zum De-

70 oben und in der Mitte *Der traditionelle Wohnsitz der Familie Kennedy, das 1744 vom neunten Grafen von Cassilis vererbte Culzean Castle, trat an die Stelle des alten Familienschlosses Dunure. Der Entwurf Robert Adams hat eine klassizistische Linienführung, die aber die mittelalterlichen Einflüsse nicht verleugnet.*

70 unten *Culzean Castle ist von einem großen Park, heute Country Park genannt, umgeben. Es hat einen großen ummauerten Garten, einen See, einen großen Brunnen und diverse Gebäude, darunter auch das Camellia House. Dem Besucher stehen Führer zur Verfügung, die die Flora und Fauna des Parks erklären.*

70-71 und 71 oben *Das in beeindruckender Lage in der Nähe eines Felsenriffs am Firth of Clyde stehende Culzean Castle mit Blick auf die Insel Arran und auf Kintyre beherrscht die gesamte Westküste. Die Strenge der eindrucksvollen Außenansicht des Schlosses wird durch die grünen Wiesen, die Blumenbeete und die Terrassen mit tropischen Bäumen gemildert.*

72 links oben *Der Salon ist wohl der schönste von Robert Adam entworfene Raum. Hier wurde auf jedes kleinste Detail geachtet, von den Farbschattierungen des Teppichs bis zu den Stuckaturen des Kamins. Am bemerkenswertesten ist der Kontrast und gleichzeitig der Einklang mit der wilden Landschaft der West-* *küste, die wie ein Trompe-l'œil außerhalb der Fenster erscheint. Nur wenige hundert Meter entfernt sieht man das Riff und das graue Meer des Firth of Clyde, während sich in der Ferne die Halbinsel Kintyre abzeichnet. Das Gemälde über dem Kamin ist ein Werk von Deschamps.*

72 links unten *Die Damasttapeten an den Wänden des Salons wurden 1976 von der Gainsborough Silk Weaving Company eigens für Culzean Castle angefertigt. Besonders wertvoll* *ist der Spiegel über dem Kamin, der 1977 nach einem Entwurf Robert Adams angefertigt wurde und die Schwäne des Wappens der Familie Cassilis darstellt.*

tail erfüllt war. In der Tat stellten die Innenräume die letzten und am besten gelungenen Werke des Architekten und seiner Truppe aus Künstlern und Handwerkern dar, die auch schon in den Palästen von Hopetoun und Mellerstain ihr Können unter Beweis gestellt hatten. Besonders sehenswert sind die kreisförmigen Paneele der Decke, die vom Italiener Antonio Zucchi gemalt wurden, die marmornen, von Peter Henderson aus Edinburgh angefertigten Kamine und der große runde Teppich, der nicht

weit von Culzean mit einem eigens dafür entworfenen Muster hergestellt wurde. Das Meisterwerk Adams ist allerdings der ovale Salon, der im früheren dunklen und engen Innenhof an der Rückseite des Turmes angefügt wurde.

Der Saal zwischen den beiden Etagen ist einfach und elegant. Das sanfte Kurvenspiel der korinthischen Säulen verleiht dem Raum eine gewisse Bewegung.

Als David Kennedy 1792 ohne Erben starb, ging Culzean Castle auf seinen Cousin, den Kapitän Archibald Kennedy aus New York, über, dessen Haus am Broadway die Nummer 1 trug. Im vorigen Jahrhundert wurde die Symmetrie der ursprünglichen Anlage Adams durch die Errichtung eines neuen Flügels zerstört. 1945 schenkte Charles Kennedy, der sechzehnte Graf von Cassilis, das Schloss dem National Trust for Scotland unter der Bedingung, dass die oberste Etage General Eisenhower zur Verfügung gestellt werde, als Zeichen der Dankbarkeit des schottischen Volkes für seine Bemühungen im gerade zu Ende gegangenen Krieg.

Um das Schloss erstreckt sich ein großer Park, in dem sich Wälder mit Rhododendron-Alleen sowie zum Meer ausgerichteten italienischen Gärten abwechseln.

Künstliche Korridore verbinden den Brunnen des Court Garden mit dem großen ummauerten Garten, in dem man die typisch britische Kunst, Blumen unterschiedlicher Größe und Farben zu arrangieren, in höchster Vollendung erlebt.

72 rechts oben *Der alte Speisesaal steht genau da, wo sich früher das alte Schloss befand. Heute wird er als Wohnzimmer benutzt, ursprünglich muss der Raum aber ein Speisezimmer gewesen sein, was die Weinblätter und Weintrauben um den Kamin herum bezeugen. Die drei Tondi an der Decke stammen von Antonio Zucchi. Ein Großteil der Ausstattung, wie der Spiegel über dem Kamin, die Urnen über den Türen, die Kerzenleuchter und die Vorhänge, entspricht den Entwürfen Adams.*

72-73 *Im Waffensaal gleich beim Schlosseingang sind die nackten Wände mit Kompositionen aus Schwertern und Pistolen des West Lowland Fencible Regiment geschmückt. Um das Familienwappen sind Light-Dragon-Pistolen ovalförmig angeordnet. Um die Uhr über dem Kamin bilden weitere Pistolen einen perfekten Kreis.*

73 links oben *Der Speisesaal liegt dort, wo sich früher die Bibliothek und das Ankleidezimmer des Schlossherrn befanden. Den eindrucksvollen Saal beherrscht ein langer Tisch aus dem 18. Jahrhundert mit Chippendale-Sesseln. Das Gemälde Ben Marshalls über dem Kamin stammt aus dem Jahre 1800 und stellt den Grafen von Cassilis dar, den späteren Marquis von Aisla.*

73 rechts oben *Eines der Meisterwerke von Adam und dem Culzean Castle ist die ovale Prunktreppe mit ihren weißen Säulen im korinthischen Stil im ersten Stock und im ionischen Stil in der zweiten Etage. Die Treppen mit ihrem Geländer und dem roten Läufer bilden einen farbenfrohen und schwungvollen Kontrast zum übrigen Schloss.*

DRUMLANRIG CASTLE

74 links in der Mitte *Der wunderbare Salon ist üppig mit Holzintarsien geschmückt und enthält Gegenstände von großem Wert, wie die französischen Möbel aus dem 17. Jahrhundert aus Versailles und die großartigen Gemälde. Die Stuckdecke stammt aus dem vorigen Jahrhundert.*

74 links unten *Ursprünglich war dieses mit Holzpaneelen verkleidete Zimmer der Eingang. Es wurde in einen Speisesaal umgewandelt. An den Wänden hängen Gemälde der Familie.*

Drumlanrig Castle wurde im 14. Jahrhundert als Festung der Douglas errichtet. Von diesem Bau sind aber nur wenige Spuren geblieben. Das heutige Gebäude mit seinem quadratischen Grundriss und den vier vierstöckigen Ecktürmen ist ein großartiges Beispiel der Renaissance-Architektur des späten 17. Jahrhunderts und wurde vom ersten Herzog von Queensberry in Auftrag gegeben. Es handelt sich hierbei um das Ergebnis einer Zusammenarbeit mehrerer Architekten, an der wohl auch der berühmte Sir William Bruce beteiligt war. Nach der Fertigstellung des Schlosses war der Herzog so von den Kosten schockiert, dass er nicht mehr darin wohnen wollte. Aus architektonischer Sicht ist Drumlanrig das Bindeglied zwischen den vor dem Unionsvertrag errichteten Festungen und den von den Lords als Landsitze errichteten sog. „falschen" Schlössern. Drumlanrig hat nichts mit den betürmten und romantischen Schlössern gemeinsam, die so typisch für die anderen Gebiete Schottlands sind. Seine Monumentalität und vollendete Symmetrie verbreiten eine für einen luxuriösen Landsitz nicht übliche strenge Atmosphäre. Diese Kargheit wird durch die ausgefeilte Dekoration besonders der Nordfassade aufgelockert, der man sich durch eine hufeisenförmige elegante Freitreppe nähert.

74 links oben *Der Eingangsraum ist ein schönes, helles Zimmer mit Bogenfenstern. Über dem Kamin hängt eine Stickerei, die wohl von Maria Stuart während ihres langen Gefängnisaufenthaltes angefertigt wurde. Auf dem Boden liegt ein riesiger Teppich aus dem Jahre 1985 mit dem Wappen der Familie Douglas. Das Prachtstück des Raumes ist Der Raub der Sabinerinnen, eine Statue, die Giovanni da Bologna (1524-1608) zugeordnet wird.*

74 rechts Die Eichentreppe und die Balustrade gehören in Schottland zu den ersten Beispielen dieser Art. Das, was in allen anderen schottischen Schlössern ein Durchgangszimmer ist, stellt in Drumlanrig Castle eine wahre Kunstgalerie dar. Hier kann man Gemälde von internationaler Bedeutung betrachten, von der Madonna mit der Garnwinde von Leonardo da Vinci zur Alten lesenden Frau von Rembrandt. Aber man findet auch Gemälde von Hans Holbein, Murillo, Joost van Cleef und eine Madonna aus der Schule von Correggio.

74-75 und 75 oben Das Drumlanrig Castle ist ein Gebäude aus rosafarbenem Stein und steht auf einem Hügel (drum) am Ende eines langen (lang) Kammes (rig). Das von Wäldern umgebene Schloss gehört zu den ersten Zivilgebäuden Schottlands im Stil der Renaissance. Zu den Gästen des Schlosses Drumlanrig zählten sowohl James VI., Bonnie Prince Charlie, Königin Elisabeth und Prinz Philipp als auch Neil Armstrong, der erste Mann auf dem Mond.

76 oben *In Kirkwall, der Hauptstadt der Orkney-Inseln nördlich der britischen Hauptinsel, stehen die schönen Ruinen des Earl Patrick's Castle. Es wurde 1607 von Graf Patrick Stuart, dem illegitimen Sohn James' V. und Stiefbruder Maria Stuarts, begonnen.*

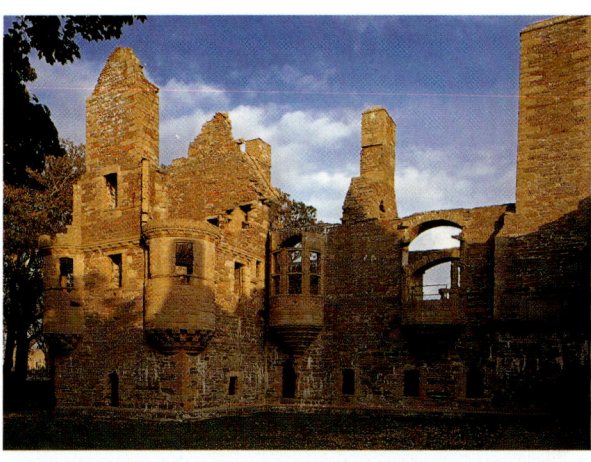

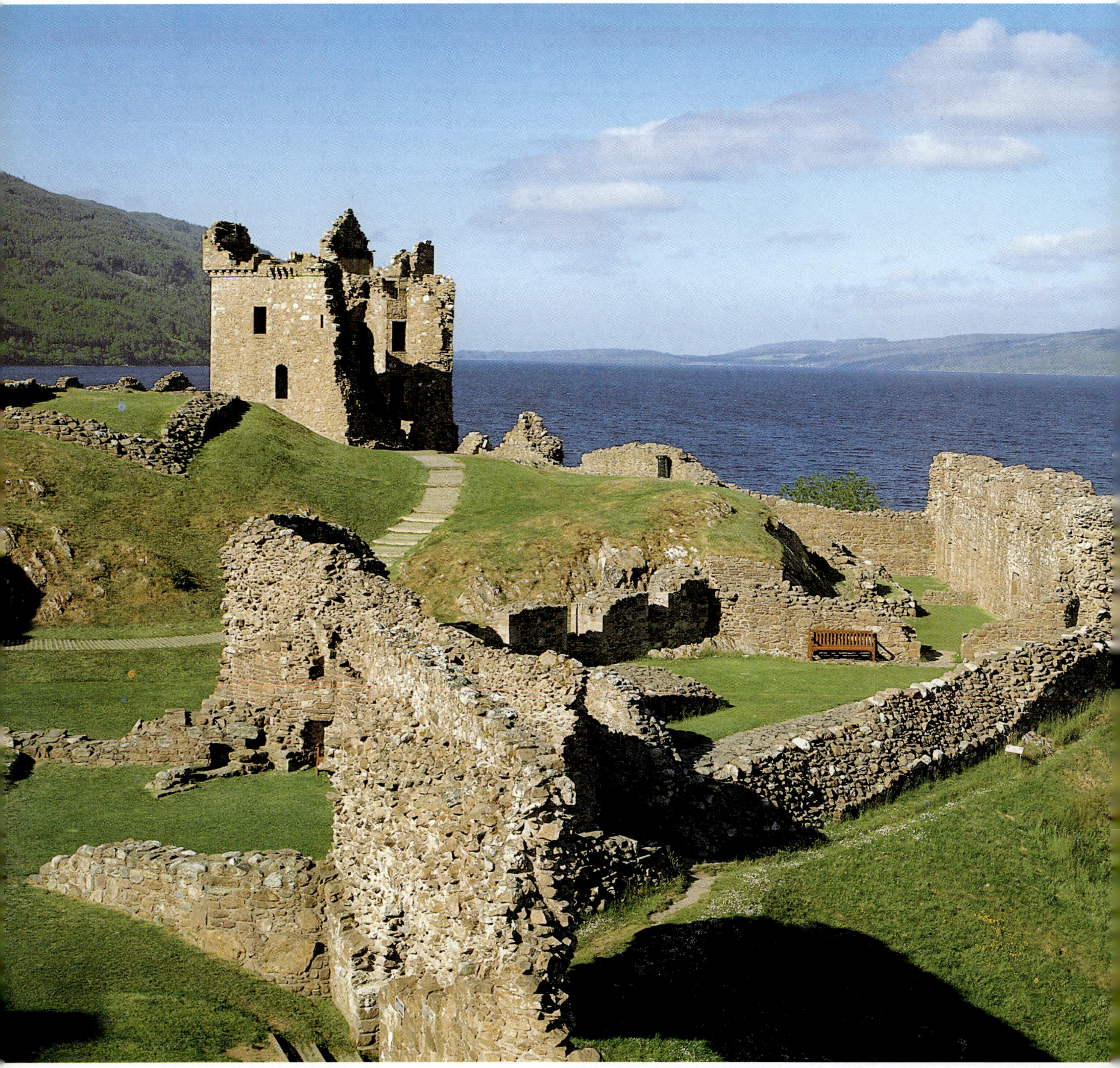

DIE HIGHLANDS

76-77 Die Ruinen des Urquhart Castle stehen auf einer Anhöhe mit Blick auf Loch Ness. Das Schloss, das zu den größten Schottlands gehört, fiel nach 1689 zusammen. Der Großteil der noch stehenden Gebäude stammt aus dem 16. Jahrhundert.

78-79 Die Mauern des Eilean Donan Castle boten einem schottischen Helden, Robert the Bruce, Schutz. Der von den Engländern verfolgte spätere König der Schotten fand Zuflucht bei John McKenzie, dem Herren von Kintail. Nachdem er zum König gekrönt war, sandte Robert the Bruce einen Statthalter zum Schloss und ließ Eilean Donan Castle in einen der wichtigsten königlichen Stützpunkte umwandeln.

Die Highlands sind seit der Antike bewohnt, wie die über fünfhundert alten Brochs, die schon vor zweitausend Jahren errichteten Verteidigungstürme, beweisen, und waren nicht immer nur eine riesige Schafweide. Die nördlichste Region Schottlands, dieses rauhe und wunderschöne Land, war früher bewaldet und seine Felder wurden von den Hochländern kultiviert. Die Highlander waren keltisches Volk, das in Bauerngemeinschaften, in Clans, lebte und immer dazu bereit war, mit seinem Anführer in den Krieg zu ziehen. Einer der mächtigsten Clans war jener der MacLeods, der Nachkommen der Wikinger von der Insel Man. Ihr Schloss Dunvegan befand sich auf der Insel Skye. Mit dem Blut der Kelten des Alba-Reiches vermischte sich skandinavisches Blut und stärkte die mächtigen Gemeinschaften der großen Clans, die sich ständig miteinander im Krieg befanden. Ihre Anführer lebten jeweils in Verteidigungstürmen, wie im Eilean Donan Castle, dem Wohnsitz der McKenzies, oder im Cawdor Castle, der Residenz der Thane von Cawdor. Am Ende der Stuart-Dynastie initiierten sie wiederholt Aufstände gegen die neue Regierung des Hauses Hannover. Die Schlösser der Gegend, wie Blair Castle oder Braemar Castle, wechselten mehrmals ihre Besitzer und wurden teilweise auch in Kasernen für Soldaten umgewandelt. 1715 missglückte eine Revolte, die vom Herzog von Mar angeführt wurde, der James Edward, dem jüngeren Bruder James' I. die Thronbesteigung ermöglichen wollte. Die Highlander wurden in Sheriffmuir geschlagen und das britische Heer baute neue Straßen von Crieff nach Fort William, um die Region unter militärischer Kontrolle zu

haben. 1745 kehrte Prinz Charles Edward Stuart, Bonnie Prince Charlie, aus seinem Exil in Frankreich zurück und ankerte vor einer der Hebriden-Inseln. In Glenfinnan vereinigte er den Stuarts treue Clans und einen Monat später kam er nach Edinburgh und besetzte dort den Holyrood-Palast. Die rebellischen Truppen siegten in Prestopans und drangen in die englischen Midlands bis Derby vor. Im April 1746 wurden sie aber in Culloden in der Nähe von Inverness geschlagen. Bonnie Prince Charlie war gezwungen zu flüchten. Die Repression gegen die Jakobiten erreichte ihren Höhepunkt. Den Überlebenden wurde verboten, den Kilt und Waffen zu tragen, gälisch zu sprechen und den Dudelsack zu spielen. Die Ländereien der Clanführer, die die Jakobiten unterstützt hatten, wurden konfisziert und das System der Clans wurde zerstört. Für die Highlander war dies der Ruin. Sie waren seit Jahrhunderten daran gewöhnt, für ihre Ländereien in Form von Militärdienst für den Clanführer zu bezahlen, und waren nun nicht in der Lage, das Geld aufzubringen, das die neuen Herren für ihr Land forderten. Zwischen 1780 und '1860 wurden die Hochländer durch die Highland Clearances aus ihrer Heimat vertrieben. Ihre Häuser wurden niedergebrannt, um jegliche Rebellion und jeden sonstigen Widerstandsversuch zu verhindern. Dies hatte eine Massenemigration zur Folge. 1860 waren die Highlands bereits vollständig entvölkert. In der Zwischenzeit hatte sich aber in der englischen Gesellschaft eine Vorliebe für das entfernte und wilde Schottland entwickelt. Königin Viktoria ließ dort sogar Balmoral Castle errichten, die heutige Sommerresidenz der königlichen Familie.

DUNROBIN CASTLE

Dunrobin Castle ist seit Jahrhunderten Wohnsitz der Herzöge von Sutherland, der Nachkommen Fraskins de Moravia, die zu Zeiten Wilhelms des Löwen nach Schottland gekommen waren. Sie nahmen schnell Sitten und Gebräuche des neuen Landes an, wurden zu Anführern der Kelten und 1235 mit dem Titel der Grafen von Sutherland ausgestattet. Aus ihrem Symbol, der Great Cat, einer Wildkatze, entwickelte sich der Name Caithness für die nordöstliche Region der Highlands. Das auf einer Terrasse über dem Meer errichtete Gebäude mit seinen zahlreichen Türmen und Fialen hat 187 Zimmer und ist der größte Wohnsitz Nordschottlands. Dunrobin, dessen Name „Schloss von Robin" bedeutet, wurde zum ersten Mal 1401 als Festung des sechsten Herzogs erwähnt. Es existierte aber bereits ein älterer Teil, eine mittelalterliche Burg aus dem Jahre 1275, deren Überreste man im Fensterkorridor erkennen kann. Im 17. Jahrhundert erbaute man im Süden und Westen zwei Flügel, die zusammen einen L-förmigen Grundriss aufwiesen. Ein großer Turm mit Wendeltreppe verband die beiden Flügel mit der mittelalterlichen Festung. 1785 heiratete Elisabeth, die Gräfin von Sutherland, den Grafen von Trentham und Marquis von Stafford, einen großen englischen Lord und, dank der Erträge aus der industriellen Revolution, einen der reichsten Männer Europas. Der Philanthrop mit liberalen Ideen war von den primitiven Lebensbedingungen der Pächter in dieser Region erschüttert und unternahm zu Anfang des vorigen Jahrhunderts große Anstrengun-

80 oben *Der elegante Speisesaal wurde nach dem Brand im Jahre 1915 von Sir Robert Lorimer neu entworfen. Die Wände sind mit Holz verkleidet und schließen mit einem Fries in klassizistischem Stil ab. Das Zimmer beherbergt Gemälde der Familie. Auf dem Bild über dem Kamin stellte Thomas Phillips die Kinder des ersten Herzogs dar. Rechts sieht man ein Bildnis* *von Granville, dem ersten Marquis von Stafford, gemalt von George Romney, und an der Seitenwand die Herzogin Harriet, die Gattin des zweiten Herzogs, mit der ältesten Tochter Elisabeth.*

80 unten *Dieser riesige Silberkelch, der als Blumenvase fungiert, füllt eine Nische im ersten Stock eines der beiden Türmchen von Dunrobin Castle aus.*

80-81 *Dunrobin Castle liegt am Meer und ist von Gärten im französisch-schottischen Stil umgeben. Das Schloss stammt aus dem 13. Jahrhundert, wurde aber seit dem 17. Jahrhundert einige Male erweitert. Im Inneren befinden sich wertvolle Möbel und Gemälde sowie Gegenstände, die die Geschichte der Familie und Schottlands erzählen.*

81 oben *Von der Terrasse aus sieht man das strenge Muster der Gärten von Dunrobin, deren Vorbild die Gärten von Versailles sind und deren geometrische Gestalt den Brunnen mit einschließt.*

82 oben *Anstelle der Bibliothek befand sich hier früher ein Schlafzimmer mit Ankleideraum. Die Bibliothek ist vollständig mit Bücherregalen verkleidet und wird von einem Gemälde der Herzo-*

gin Eileen, einem Werk Philip de Laszlos, dominiert. Der Raum umfasst über zehntausend Bände, von denen einige sehr selten sind, und einen riesigen Globus.

82 unten *Im Spielzimmer findet man Spielzeug, das im Laufe der Jahrhunderte von den Sutherland-Kindern benutzt wurde, wie das hölzerne Schaukelpferd und das Puppenhaus aus viktorianischer Zeit.*

gen, die Lebensbedingungen, die Organisation und die Wirtschaft der Gegend zu verbessern. Er ließ an der Küste Arbeiterhäuser errichten und bot diese den Bauern an, die daraufhin ihre einsamen Strohdach-Häuser in den Highland-Tälern verließen. In Wirklichkeit trug auch er damit zur Entvölkerung der Region bei. Über fünftausend Familien wurden aus den Behausungen ihrer Großväter ausquartiert. An ihre Stelle traten die Schafe, die auch heute noch das Bild dieser Region beherrschen. Im 19. Jahrhundert war die gesamte Grafschaft von Sutherland, die nordwestlichen Highlands, d.h. eine halbe Million Hektar Land, im Besitz der Herzöge und stellte das größte Landeigentum Westeuropas dar. Das heutige Aussehen des Schlosses in französischem Stil ist dem zweiten Herzog zu verdanken, der um das Jahr 1850 Charles Barry, den Architekten des House of Parliament von Westminster, beauftragte, Dunrobin von einem schottischen Schloss in einen Palast umzuwandeln. Seine Gattin, die Herzogin Harriet, war die Kammerzofe Königin Viktorias. Der dritte Herzog ließ auf seine Kosten eine Bahnlinie durch die Highlands bauen. Den Bahnhof in viktorianischem Stil kann man ein kleines Stück vom Schloss entfernt sehen. Ebenso zu besichtigen sind die Bibliothek mit einer gigantischen Weltkarte und Jagdtrophäen oder das vom Herzog während einer Kreuzfahrt im Mittelmeerraum erstandene Schlafzimmer in sizilianischem Stil. Außerhalb des Schlosses befinden sich ein Park und ein italienischer Garten mit Rosenrabatten und Sträuchern.

82-83 Der neue Entwurf des Salons, der nach dem Brand im Jahre 1915 angefertigt wurde, machte aus den beiden kleinsten Zimmern einen großen hellen Raum mit wunderbarer Sicht auf den Garten, der den großen Brunnen umgibt. Die von Robert Lorimer entworfene Decke wurde 1919 von Sam Wilson ausgeführt. Die Einrichtung stammt aus der Zeit Ludwigs XV., die Wände sind mit Wandteppichen aus dem 18. Jahrhundert bedeckt, die das Leben des griechischen Philosophen Diogenes erzählen. Das Prächtigste sind aber die Gemälde Canalettos, die über den Kaminen hängen.

83 links oben Der ursprüngliche, von Lorimer verwirklichte Billardraum dient heute zur Ausstellung der Familieninsignien und der Zeremonialkleidung. Der Billardtisch steht in der Galerie, wo man auch die Jagdtrophäen bewundern kann.

84 oben *William, der zweiundzwanzigste Graf von Brodie, wurde hier von James Currie zusammen mit seiner Familie, seiner Gattin Elisabeth Baillie von Redcastle und den vier Kindern, abgebildet.*

84 unten *Die üppig mit Stuck verzierte Decke ist das Prachtstück des Salons mit seinen blauen chinesischen Wänden, an denen kleine Bilder und wertvolle Uhren hängen. Der Schreibtisch mit seiner wellenförmigen Einfassung stammt wie die gewölbte Kommode aus der Zeit Ludwigs XV.*

Das in einem 70 Hektar großem Park liegende, zehn Kilometer von Nairn entfernte Brodie Castle war über acht Jahrhunderte lang der Wohnsitz der Familie Brodie. Das Schloss geht auf das 15. Jahrhundert zurück und wurde im darauffolgenden Jahrhundert mehrmals erweitert und umgebaut. Der ursprüngliche Kern der Anlage wird auf das Jahr 1160 datiert, auf die Zeit, als die Familie Brodie dort zu wohnen begann. Sämtliche Karten und die mit dem Ursprung des Schlosses und seinem Wiederaufbau um das Jahr 1560 verbundenen Akten gingen im Brand des Jahres 1645 verloren, als Lord Gordon, der Statthalter des Herzogs von Montrose, während des Bürgerkrieges gegen die Covenanters das Schloss den Flammen überließ.

Bei seinem Wiederaufbau im 17. und 18. Jahrhunderts kam Brodie Castle zu seinem heutigen Aussehen mit einem Z-förmigen Grundriss, mit Hängetürmen und zinnengekrönter Brüstung. Die östlichen, nördlichen und nordöstlichen Erweiterungen des Jahres 1824 wurden im Neo-Tudor-Stil ausgeführt und sind das Werk William Burns. Der älteste Bereich des Gebäudes ist allerdings die Küche im Kellergeschoß. 1982 ging das Schloss in den Besitz des National Trust for Scotland über.

84-85 *Brodie Castle ist berühmt für seine Narzissenblüte zu Frühlingsanfang. Das Schloss ist ein Tower-House mit Z-förmigem Grundriss, der sich im Laufe der Jahrhunderte entwickelte. Es ist von einem Park mit einem Teich umgeben.*

85 links oben *Im Speisesaal, der eine üppig mit Intarsien versehene Decke besitzt, steht ein großer Tisch mit sechzehn Stühlen, die etwa aus dem Jahr 1840 stammen. Er ist mit Porzellantellern gedeckt, die das Wappen der Familie tragen. An den Wänden hängen Bilder, die die jahrhundertealte Geschichte der Familie erzählen.*

85 rechts oben *Das Familienwappen besteht aus einem Schild und dem Wort „Unité" und ist in ein Glasfenster des Schlosses eingefasst. Nach Einschätzung der Historiker stammen die Brodies von einem keltischen Stamm ab, der von Malcolm IV. mit eigenen Gebieten ausgestattet wurde. Der ursprüngliche Name lautete Brothie und wurde im 16. Jahrhundert in Brodie umgewandelt.*

Das wenige Kilometer von Inverness und vom Moray Firth entfernte Schloss Cawdor ist mit der Shakespeare-Tragödie von Macbeth verbunden. Der Turm mit seinem aus Verteidigungsgründen erhöhten Eingang wurde 1380 von William Thane (Anführer) von Cawdor, einem Freund von König James II., errichtet. Die Legende erzählt, dass diesem im Traum befohlen wurde, ein mit Gold beladenes Maultier zu befreien und genau an dem Ort ein neues Schloss zu bauen, an dem sich das Tier zum Schlafen legen würde. Das Maultier machte es sich unter einem Weißdorn gemütlich, um den später der ursprüngliche Turm errichtet wurde, der aus vier über eine Wendeltreppe erreichbaren Etagen bestand. 1638 begannen die Instandsetzungsarbeiten am

86 links oben und 86-87 *Die Gärten, die das Cawdor Castle umgeben, haben eine sehr intime Atmosphäre. Am prächtigsten sind sie vom Frühjahr bis zum Ende des Sommers. Der Walled Garden, der vor kurzem restaurierte und mit einer Mauer umgebene Garten, bietet ein wunderbares Farbenspektakel.*

86 links unten und 87 oben *Das strenge und wuchtig aussehende Cawdor Castle wurde auf einer kleinen Anhöhe als Privatfestung der Thane von Cawdor errichtet und sieht wie ein Tower-House mit Zinnen und Ecktürmchen aus.*

86 rechts *Das Familienwappen ist in die Mauer des Schlosses eingearbeitet, das nach Shakespeare der Handlungsort der Tragödie von Macbeth und des Mordes an Duncan war.*

88 oben *Trotz seines unnahbaren Aussehens herrscht im Inneren von Cawdor Castle eine familiäre Atmosphäre. Das ist nicht verwunderlich, denn das Schloss ist bis heute der Wohnsitz der Familie. Nicht alle Räume sind öffentlich zugänglich, wie dieser behagliche Privatsalon auf der Abbildung.*

88-89 *Der Große Salon wurde mehrmals umgestaltet. Der letzte größere Umbau fand im 16. Jahrhundert statt, als ein Kamin mit dem Wappen der Calder, einer alten Schreibweise für Cawdor, eingebaut wurde. An den Wänden befinden sich bedeutende Gemälde der Familienmitglieder.*

nördlichen Flügel und alten Salon, die miteinander durch eine Steintreppe verbunden sind. Während des Bürgerkriegs wurden nur einige Heuschober des Schlosses vom königlichen Heer unter der Führung von Lord Montrose abgebrannt und während der blutigen Feldzüge Cromwells war Cawdor Castle davon entbunden, Soldaten und Offiziere beherbergen zu müssen, so dass die wertvolle Inneneinrichtung bewahrt werden konnte. 1684 wurde die Burg von Sir Hugh Campbell, dem fünfzehnten Thane, in einen äußerst komfortablen Wohnsitz umgestaltet: Die Fenster wurden vergrößert, zusätzlich fügte man einige bemalte Kamine und zwei neue Flügel hinzu, um die neun Kinder und die vielen Bediensteten unterbringen zu können. Zu weiteren Erneuerungen kam es um das Jahr 1720 und in der zweiten Hälfte des 19. Jahrhunderts, allerdings brachten diese keine generellen Veränderungen für das Gebäude mit sich.

89 oben *Der Speisesaal besitzt eine im spätviktorianischen Stil verzierte Decke. An den Wänden hängen Gobelins mit Szenen aus* Don Quijote.

89 unten *Die Treppen sind mit einem Läufer bedeckt, der die Farben Grün und Blau des Tartan der Familie Campbell von Cawdor trägt. An den Wänden bilden französische Gewehre geometrische Muster.*

BRAEMAR CASTLE

Braemar ist ein kleines Örtchen im Hochtal des Flusses Dee, das in der ganzen Welt durch die Royal Highlands Gatherings, seine traditionellen Highland-Spiele, berühmt ist, die jeden Sommer in Anwesenheit der königlichen Familie stattfinden. Das Schloss ist von den prachtvollen Gipfeln der Cairngorm-Berge umgeben. Aufgelockert wird sein strenges Aussehen nur durch kleine Türme und durch Zinnen. Errichtet wurde es 1628 von John Erskine, dem Grafen von Mar und Schatzmeister von König James VI. Die Festung diente während der in den Grampian Mountains organisierten Jagdpartien als Jagdschloss, aber auch als Bollwerk gegen die übergreifende Macht der Farquharson-Vasallen. 1689 wurde das Schloss während der kurzen Jakobiten-Revolte vom „schwarzen Oberst" John Farquharson von Inverey erobert und angezündet und blieb über sechzig Jahre lang eine Ruine.

John Erskine, der sechste Graf von Mar, war der Anführer der Jakobiten-Revolte des Jahres 1715. Er versammelte am 6. September desselben Jahres die rebellischen Truppen in Braemar, dort, wo heute das Invercauld Arms Hotel steht. Zu jener Zeit war das Schloss nur eine schwarze Ruine, die nach der Niederlage von Mar und seinen Jakobiten in Sheriffmuir von den königlichen Truppen zurückerobert wurde. 1748 wurde das Schloss restauriert und in einen Stützpunkt der Regierungstruppen des Hauses Hannover umgewandelt. An den Wiederaufbauarbeiten waren auch die noch sehr jungen Gebrüder Adam, John und Robert beteiligt, die später die berühmtesten Architekten ihrer Zeit

werden sollten. Aus dieser Epoche stammt auch der gezackte sternförmige Mauerring, der genau den Anforderungen der Renaissance für eine Befestigungsanlage entsprach. Am Ende des Jahrhunderts wurde das Schloss in eine Residenz umgewandelt, in der auch Königin Viktoria wohnte, als sie noch nicht im Besitz von Balmoral war.

BLAIR CASTLE

Das Blair Castle liegt im Herzen der wilden Grampian Mountains, am Fuß bewaldeter Hänge, und wachte schon immer über die große Verbindungsstraße zwischen Edinburgh und Inverness.

Seine Geschichte ist eng verbunden mit der Geschichte Schottlands und den Kämpfen der Highland-Clans. Die seit der Keltenzeit den Herzögen von Atholl gehörende Residenz wurde 1269 von John Cumming von Badenoch errichtet, als sich Graf David

gerade auf einem Kreuzzug befand. Der zwischen Türmchen und Zinnen versteckte ursprüngliche Turm wird auch heute noch Cumming Tower genannt. Das Schloss erfuhr im Lauf der Jahrhunderte verschiedene Erweiterungen und Modifikationen, ebenso wie es einen ständigen Besitzerwechsel erlebte, teils weil es keine Erben gab, teils weil die politische Entwicklung dies so mit sich brachte.

1457 übertrug James II. den Besitz auf seinen Blutsbruder Sir John Stewart of Balvenie, den Stammvater der heutigen Familie, dessen Motto „Furth Fortune and Fill the Fetters" auf eine von König James III. ausgehende Anordnung zurückgeht, den Aufstand der McDonalds auf den Inseln zu unterdrücken. Der männliche Zweig der Familie starb 1625 aus und der Titel ging auf John Murray über, auf den Herrn von Tullibardine, einen Nachkommen der mütterlichen Linie. Nach dessen Tod wurde Blair Castle vom Herzog von Montrose und 1652 von den Truppen Cromwells eingenommen. Claverhouse, der Anführer der Jakobiten-Revolte, besetzte 1689 das Schloss und besiegte am 27. Juli desselben Jahres die Regierungstruppen am Fluss Garry in der Nähe von Killiecrankie. Die vom zweiten Herzog in Angriff genommene Erweiterung und Rekonstruktion wurde 1745 von der Jakobiten-Revolte unterbrochen, als der Thronanwärter Bonnie Prince Charlie mit seinem Highlander-Heer in Richtung Süden marschierte und einige Tage im Blair Castle verbrachte.

Das von den Truppen der regierenden Hannover-Dynastie besetzte Schloss wurde 1746 von Lord Geor-

92 oben Das Gobelinzimmer im zweiten Stock des Cumming Tower verdankt seinen Namen den wunderbaren, in Belgien für Charles I. hergestellten Wandteppichen.

92 unten An der Treppe unter der reich stuckierten Decke hängen die Gemälde der Familienmitglieder: John, der erste Herzog, wurde von Thomas Murray verewigt; John, der erste Marquis von Atholl, wurde von Jacob de Witt als Julius Caesar dargestellt. Daneben hängt ein Gemälde seiner Gattin Lady Amelia Stanley.

92-93 Als Königin Viktoria 1844 nach Blair Castle kam, beschrieb sie das Schloss als „großes schlichtes weißes Gebäude". 25 Jahre später beauftragte der siebte Herzog John und David Bryce mit dem Umbau des Schlosses im Baronial Style, so wie es heute aussieht.

***93 oben** Das weiße Gebäude des Blair Castle ragt mit seinen Zinnentürmchen und den konischen Dächern aus den grünen Bergen der Highlands hervor. Um das Schloss herum erstreckt sich ein riesiger Grundbesitz mit Schafweiden, Wäldern, Gärten und Feldern.*

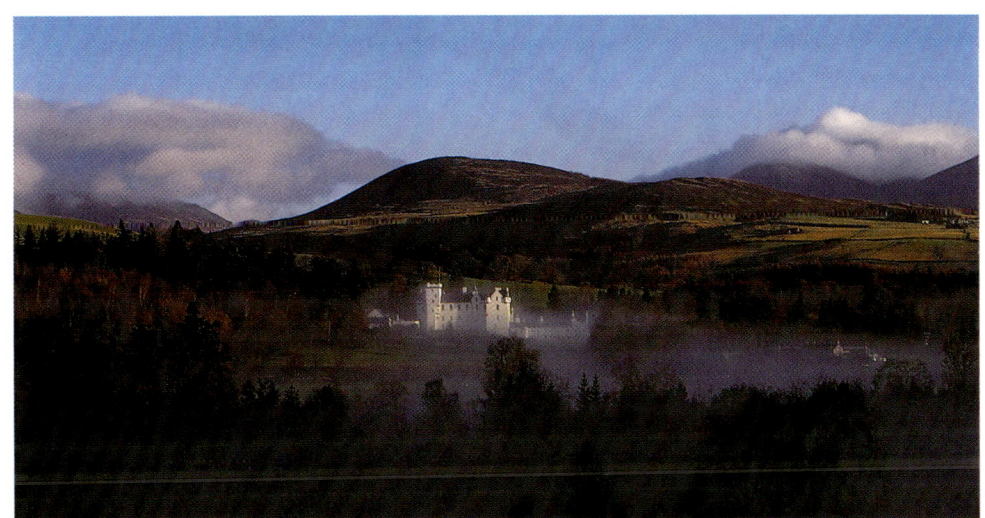

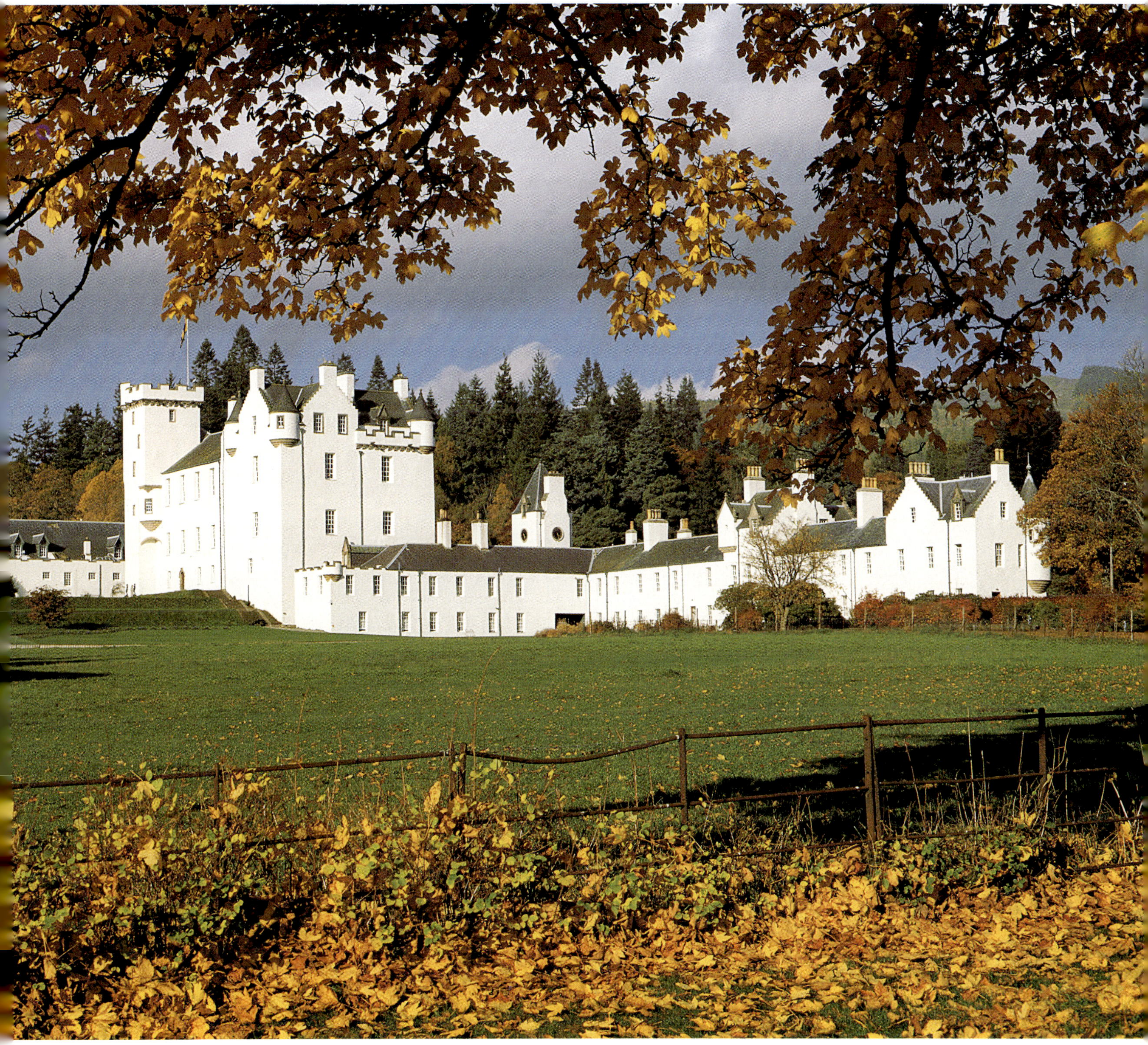

94 oben *Der Salon ist das schönste Zimmer des Blair Castle. Seine Wände sind mit karmesinfarbenem Damast verkleidet, die Decke ist mit ausgefeilten Stuckarbeiten verziert. Über dem Kamin aus weißem Marmor ist die Familie des dritten Herzogs von Atholl abgebildet. Das Gemälde ist ein Werk Johann Zoffanys.*

94-95 *Der Ballsaal wurde zwischen 1876 und 1877 vom siebten Herzog in Auftrag gegeben. Der große Raum unter der Holzdecke wurde für Bälle, Konzerte, für Empfänge und für Dudelsack-Wettbewerbe genutzt. An den mit Holzpaneelen verkleideten Wänden hängen Familienbilder und Jagdtrophäen.*

ge Murray, dem zweiten Herzog, und seinen Atholl-Hochländern als letztes Schloss Großbritanniens von – Ironie des Schicksals – seinem eigenem Besitzer erobert. Als sich die Wogen wieder geglättet hatten, nahm der zweite Herzog die Modernisierungsarbeiten, diesmal im vorherrschenden georgianischen Stil, wieder auf. 1756 wurde die Gemälde-Treppe hinzugefügt, auf der alle Herren von Atholl verewigt sind. Der letzte Eingriff geht auf das Ende des 19. Jahrhunderts zurück, als zwischen 1869 und 1904 von der Romantik inspirierte Restaurationsarbeiten durchgeführt wurden. Heute ist die weiße betürmte Burg von einem riesigen Wald und Weiden mit einigen hundert Schafen umgeben.

Der letzte – der zehnte – Herzog von Atholl starb 1996. Er war der einzige im ganzen Vereinigten Königreich, der das Recht auf ein Privatheer, eben die Atholl Highlanders, hatte.

Bei seinem Tod gingen das Schloss und der 28000 Hektar große Grundbesitz auf eine karitative Einrichtung über. Den Titel erbte ein weitentfernter Cousin aus Südafrika.

BALMORAL CASTLE

96 links oben
Um das Schloss Balmoral erstreckt sich ein immenser Grundbesitz von zwanzigtausend Hektar, der von den fruchtbaren Gebieten der Talsohle bis zu den mit Erika bewachsenen Hügeln des Lochnagar-Massivs reicht, das die ganze Region beherrscht.

96 links unten
Die südliche Fassade wird von einem gewaltigen Turm überragt. Unter den Schießscharten ist eine große Uhr zu sehen.

Im Hochtal des Dee, nicht weit entfernt von Braemar, liegt die Sommerresidenz der königlichen Familie. Das Schloss befindet sich am Fuß bewaldeter Hügel und in der Mitte eines Grundbesitzes, den Prinz Albert und Königin Viktoria gekauft hatten, nachdem sie sich in die Highlands verliebt hatten. Als die königlichen Hoheiten am Schloss angekommen waren, das sie noch nie gesehen hatten, beschrieb es die Königin in ihrem Tagebuch als „graziöses, kleines Schloss in schottischem Stile", das von bewaldeten Hügeln umgeben war, die an Thüringen, die Heimat Prinz Alberts, erinnerten. Das Schloss war gerade zwei Jahrhunderte alt, vor einigen Jahren war es aber vom vorherigen Besitzer Sir Robert Gordon umgestaltet worden. Das Gebäude war für die Bedürfnisse der königlichen Familie, für die zahlreiche Dienerschaft und für Staatsempfänge nicht ausgestattet. Deshalb begann man 1852 mit den Bauarbeiten für ein neues Schloss in neogotischem Stil. Leiter des Projekts war der Architekt William Smith.

Während die Familie den Sommer im alten Schloss verbrachte, wurde das neue Gebäude aus hellem Granit innerhalb weniger Jahre vollendet. Hinzu kamen ein mächtiger quadratischer Turm mit vier Nebentürmen und ein langes dreistöckiges Gebäude mit großen Panorama-Fenstern. Diese animierten Königin Viktoria zu folgendem Tagebucheintrag: „Das Haus ist nicht nur schön und komfortabel; es hat auch eine wunderbare Aussicht, die beim alten Dunvegan Castle nicht mehr vorhanden war."

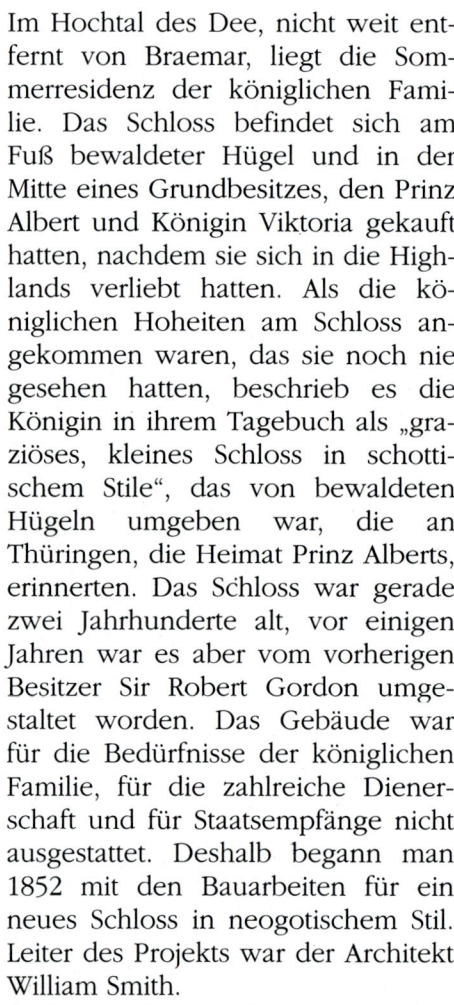

96 rechts oben
Der westliche Flügel des Palastes blickt zum Rose Garden, einem prachtvollen, gepflegten Garten mit einer Gemsenstatue und einem Brunnen. Die üppigen Gärten sind im Sommer am schönsten, wenn die königliche Familie auf Balmoral zu Besuch ist.

97 Auf diesem Luftbild ist Balmoral Castle als Ganzes zu bewundern. Das heutige Gebäude ist das Ergebnis zahlreicher Umgestaltungen, die im Laufe der Jahre stattfanden. Heute ist es die Sommerresidenz der königlichen Familie.

96 rechts unten
Königin Viktoria mit ihrer Familie bei Schloss Windsor im Jahre 1890 und Ansicht der Schlösser Balmoral und Sandringham: Die Abbildung ist in der Veröffentlichung zum Kronjubiläum der Königin zu sehen.

98 Der Ballsaal, an dessen Wand ein Basisrelief, ein Werk von John Thomas, hervorsticht, blickt auf die Granittreppe des Jahres 1857, die zu den fruchtbaren Ufern des Dee führt.

99-102 In der Mitte der Südfassade des Portikus befindet sich das Marmorwappen Prinz Alberts. Am Fuß der angrenzenden Mauer an der Westseite des Porti-kus ist ein Stein befestigt, der an die Gründung von Balmoral Castle erinnert und von Königin Viktoria am 28. September 1853 angebracht wurde.

103 *Der Ballsaal ist der einzige der Öffentlichkeit zugängliche Raum. In diesem großen Raum, der durch zwei Glasfenster erhellt wird, sind Familiengemälde und Gegenstände der königlichen Familie ausgestellt.*

104 oben *Das Dunvegan Castle ist die einzige große Residenz der westlichen Inseln. Es handelt sich dabei um einen der schottischen Wohnsitze, die lange Zeit von derselben Familie bewohnt wurden. Zu den Besuchern des Schlosses gehörten James V. und Sir Walter Scott.*

DUNVEGAN CASTLE

Das am Loch Dunvegan auf der nordwestlichen Seite der Insel Skye liegende Schloss ist seit jeher Wohnsitz der MacLeods, der Herren der Insel. Nach der Überlieferung war Leod der jüngste Sohn des letzten Wikingerkönigs der Insel Man und der Hebriden-Inseln.

Das noch immer riesige Gebiet des MacLeod-Clans erstreckt sich heute von der Insel Skye mit dem Dunvegan-Schloss und seiner Umgebung bis zur großartigen Kette der Cuillin Hills, die nackt und kahl 993 Meter über den Meeresspiegel emporragen.

Im 13. Jahrhundert, in der Zeit des ersten Clan-Anführers, bestand das Schloss nur aus einer Verteidigungsmauer, die einen niedrigen strohgedeckten Bau beschützte.

Um das Jahr 1340 baute Malcolm III., der Anführer der MacLeods, an der nordöstlichen Ecke der Burg einen mächtigen quadratischen Turm.

An der südöstlichen Ecke der Festung befindet sich der elegante Feenturm, der etwa um 1500 von Aladir, dem achten Clan-Anführer, errichtet wurde. Seine vier Etagen sind miteinander durch eine Wendeltreppe verbunden.

Das heutige romantische Aussehen des Schlosses geht auf die viktorianische Zeit zurück. Das Gebäude wurde zwischen 1840 und 1850 vom fünfundzwanzigsten Clan-Anführer nach Plänen des Architekten Robert Brown aus Edinburgh erweitert, die Kosten für dieses Unternehmen beliefen sich auf die damals beachtliche Summe von achttausend Pfund Sterling.

104-105 und 105 oben Um das Dunvegan Castle erstreckt sich ein großer Park mit zwei spektakulären Wasserfällen. Der Einfluss des Golfstroms trägt zum üppigen Wachstum von Blumen, wie Rhododendren und Azaleen, bei. Ein Stück entfernt, am Meeresufer, räkeln sich Kolonien von Seehunden in der Sonne.

105 unten Das Schloss gehört seit sieben Jahrhunderten den MacLeods und ist mit der Legende der Fairy Flag verknüpft, einer alten Seidenflagge, von der man sagt, dass sie die magische Kraft besitze, Clans vor Gefahren zu schützen. Die Flagge wurde MacLeod, so will es die Legende, von einer verliebten Fee geschenkt.

106 oben *Die spek-
takuläre Ruine der
uneinnehmbaren
Festung des Grafen
Marischals, das
Dunnottar Castle,
steht auf einem Fel-
sen in der Nordsee.
Das Schloss wider-
stand lange Zeit
den Angriffen der
Truppen Cromwells.*

DAS ZENTRUM UND DER OSTEN SCHOTTLANDS

106-107 *Fraser, das majestätische, von Mauern umschlossene Schloss, wurde in der zweiten Hälfte des 16. Jahrhunderts von Michael Fraser, dem siebten Lord, errichtet. Der von zwei niedrigeren Flügeln flankierte Mittelturm verleiht einem der schönsten Schlösser Schottlands besondere Eleganz.*

107 *Das aus Sandstein gebaute Kellie Castle auf der Halbinsel Fife stammt ursprünglich aus dem 14. Jahrhundert. 1573 wurde im Osten ein zweiter Turm angefügt. Zwischen 1573 und 1605 wurde das Schloss schließlich vollendet. Der Südost-Turm mit dem Eingangstor ist mit seinen Vorsprüngen und den Ecktürmen ein kleines Meisterwerk. Besonders faszinierend sind auch die Gärten.*

Eine bergige Landschaft, die in bewaldete Hügel übergeht, malerische Täler, die sich allmählich in Heideland verwandeln: das Herz Schottlands und sein Osten sind ein fruchtbares und üppiges Gebiet. Dies bezeugen die unzähligen Schlösser entlang des Dee-Laufes und in Tayside, die hier wie nirgendwo sonst in Schottland, außer vielleicht in der Region um Edinburgh, so zahlreich vertreten sind. Hier befinden sich die Königsschlösser Stirling und Falkland und die mit der Krone in Verbindung stehenden Burgen wie Drummond und Glamis. Vor allem aber trifft man hier auf die schottische Architektur des Baronial Style mit ihren Türmchen, den Zinnen und Vorsprüngen, die in der Regel im unteren Bereich einfach und ohne Schnörkel sind. Bewundern kann man diesen Stil am Craigievar Castle, am Castle Fraser und am Fyvie Castle. Die Gegend ist seit prähistorischer Zeit bewohnt, wie die vielen Megalith-Kreise bezeugen. Die ersten Bewohner waren die Pikten, die sich lange vor den Kelten in Schottland niederließen. Zwischen dem 1. und 2. Jahrhundert kamen die Römer und errichteten ihr Lager in der Nähe des Mons Grapius, nahe des heutigen Stonehaven, wo sie die schottischen Stämme besiegt hatten. Sie blieben allerdings nicht lange, sondern zogen sich in die Region südlich des Antoninus-Walls zurück, den sie zwischen dem Clyde und dem Firth of Forth erbaut hatten. Im 9. Jahrhundert vereinte Kenneth MacAlpine das Königreich von Dalriada mit dem der Pikten und brachte dadurch einen großen Teil Schottlands unter seine Kontrolle.

Die Hauptstadt des neuen Reiches entstand nicht weit entfernt vom Scone Palace, der aus den Steinen der alten Abtei errichtet worden war. Das 13. Jahrhundert steht für den Übergang der Macht in die Hände der Comyns, der Grafen von Buchan, infolge der Heirat zwischen Comyn und der Tochter eines lokalen Anführers. Die Schlacht von Bruce gegen die Engländer war auch ein Kampf gegen die Comyns, ihre Verbündeten. Danach kamen die Gordons, die den Nordosten bis 1562 wie Könige regierten. In jenem Jahrhundert wurden die ersten schlichten Turmhäuser des Hochmittelalters in Paläste umgewandelt. Ein typisches Beispiel dafür ist das Crathes Castle im Dee-Tal, das zum Ende des 16. Jahrhunderts errichtet wurde und eine immer noch wundervolle, mit Fresken versehene Holzdecke aufweisen kann. Aus derselben Zeit stammt das nur wenige Luftlinien-Kilometer entfernte Castle Fraser, das Schmuckelemente französischer Herkunft besitzt. Der neoklassizistischen und georgianischen Periode wird Haddo House zugeschrieben, das von William Adam für eine reiche Seitenlinie der Familie Gordon entworfen wurde.

FYVIE CASTLE

108 links oben und 109 oben *Das Fyvie Castle ist von einem großen englischen Park mit Teichen und kleinen Seen umgeben. Faszinierend ist der Walled Garden, in dem wildwachsende Blumen aller Farben blühen. Im Park befinden sich einige Statuen, wie die Zwergenstatue und die Statue von Königin Henrietta Maria oder die in venezianischen Marmor gemeißelte Urne aus dem 16. Jahrhundert.*

Fyvie ist ein Örtchen mitten in den Wäldern am Ufer des Ythan, der früher einmal für seine Süßwasserperlen berühmt war. Das Schloss ist umgeben von einem riesigen Park mit einem kleinen See und stellt eines der besten Beispiele des schottischen Baronial Style dar. Seine fünf Türme erinnern an die fünf Familien, die nacheinander im Besitz der Burg waren, an die Prestons, die Meldrums, die Setons, Gordons und Forbes-Leiths.

Ursprünglich war Fyvie eine königliche Festung, die sich mitten in einem Jagdwald befand, wie man auch am gälischen Namen erkennen kann, ·der „Hirschhügel" bedeutet. Die Lage der Festung war strategisch klug: Im Osten war sie geschützt durch einen großen Sumpf, im Norden und Westen durch die Biegungen des Flusses. Die einzige angreifbare Seite war die südliche, an der sich der gut verteidigte Eingang befand, der zum großen Innenhof führte.

Das älteste Schloss bestand wahrscheinlich aus Holz und besaß Außenbefestigungen aus Stein. Im Jahre 1211 (oder 1214) besuchte Wilhelm der Löwe die Anlage. Der englische König Edward belagerte Fyvie am 31. Juli 1296 im Zuge seiner Strafkampagne in Schottland. Einige Jahre später hielt Robert the Bruce in einem Hof unter den Buchenwäldern des Schlosses Gericht. Im 14. Jahrhundert bestand das Schloss aus einem wuchtigen Turm aus Stein, der von einem hohen Mauerring mit Ecktürmen geschützt wurde. Der Haupteingang an der südlichen Mauer wurde von weiteren Türmen abgeschirmt, die höchstwahrscheinlich aus der Zeit

108 links unten und 108-109

Das Juwel der schottischen Architektur, das Fyvie Castle, ragt mit seinen Türmen und Kuppeln, auf denen Musiker-Statuen stehen, aus dem Grün der Landschaft hervor. Das Schloss ist das Ergebnis wiederholter Erweiterungen, die der harmonischen Architektur aber keinen Schaden zufügten.

108 rechts oben

Auf der Abbildung ist das Wappen der Familie Forbes-Leith, der letzten Besitzer der Burg, zu sehen. 1889 erwarb Alexander Leith, ein amerikanischer Stahlmagnat schottischer Abstammung, das Schloss und bereicherte es mit Kunstwerken.

der Belagerung durch Edward I. stammen.

Fyvie Castle blieb Eigentum der Krone bis 1370, als Robert II. es seinem ältesten Sohn übergab, dem späteren Robert III., der es wiederum seinem Cousin Sir James Lindsay, dem Lord von Crawford und Buchan, schenkte.

Zwischen 1390 und 1391 wurde Fyvie wieder Sir Henry Preston zugeteilt, dem Cousin von Sir James, der erst 1402 zum rechtmäßigen Besitzer wurde. Aufgrund einer Heirat gelangte es in den Besitz der Familie Meldrum, die es 1596 an Alexander Seton, den Kanzler Schottlands, veräußerte. Dieser begann mit umfangreichen Erweiterungsarbeiten und der glanzvollen Verzierung des oberen Stockes und des Daches, die das Gebäude zu einem Märchenschloss mit vorspringenden Türmen, Ziergiebeln, gemeißelten Dachluken und Fialen der Gestalt von Jägern und Musikern macht.

Die Unterstützung des Jakobitenaufstands führte zur Beschlagnahmung von Fyvie. 1694 starb der Enkel von Seton mittellos in einer Pariser Unterkunft, in die er sich geflüchtet hatte, nachdem die von ihm unterstützte Revolte der Stuart-Anhänger missglückt war.

1733 erwarb der zweite Graf von Aberdeen das Schloss anlässlich seiner dritten Heirat und übergab es dem Erstgeborenen aus dieser Verbindung, William Gordon von Fyvie. Am Ende des 18. Jahrhunderts ließ der neue Besitzer die Sümpfe trockenlegen, einen See ausheben, die Architektur des Parks erneuern und den Gordon Tower im Norden des westlichen Flügels anfügen. 1885 war sein Nachfolger, Sir Mauri-

CHARTA ROBERTI III IN FAVOREM HENRICI DE PRESTOUNE MILITIS·

PRO REDEMPTIONE RADULPHI DE PERCY MILITIS ANGLICI ET PROSERVITIO SUO OMNIUM TERRARUM BARONIO DE FERMARTIN INFRA VICECOMITATUM DE ABERDENE

110-111 Die Eingangshalle wurde von William Gordon an der Stelle errichtet, an der sich früher der befestigte Eingang der Südfassade des Schlosses befand. Die Decken sind üppig verziert, die Wände sind bedeckt mit den von Lord Leith gesammelten Jagdtrophäen, Waffen und Rüstungen. Die Rüstungen stammen aus dem Deutschland des 16. bis 17. Jahrhunderts. Zu bewundern sind auch die Marmorbüste von Kaiser Augustus und ein perfekt erhaltener Stoßzahn eines Elefanten. Das eindrucksvollste Einrichtungsstück ist der Kamin, über dem ein Relief mit der Illustration der Schlacht von Otterburn im Jahre 1388 hängt, in der Sir Henry Preston Ralph de Percy gefangen genommen hatte.

111 links oben Der Speisesaal wurde 1790 von William Gordon geschaffen und später von Lord Leith umgestaltet. Die roten Tapeten, die dunklen Vorhänge und die Stuckdecke verleihen dem Raum eine würdevolle Atmosphäre. An den Wänden hängen zahlreiche Gemälde: Über dem Kamin ist in einem holzgeschnitzten Rahmen die Gattin von Lord Leith, Maria Louise January, abgebildet; über der Tür der Dienerschaft hängt das Bildnis Lord Leiths und an den anderen Wänden befinden sich die Gemälde von Sir William Maxwell von Calderwood und Sir John Stirling von Kippendavie mit seiner Tochter.

111 links unten Das Gemälde der Ethel Louise Forbes-Leith, das 1906 von Luke Fields vollendet wurde, befindet sich im Back Morning Room. Die einzige Erbin Alexander Leiths erbte nach dem Tod ihres Vater im Jahre 1925 seinen Titel, der später auf ihren 1929 geborenen Enkel Andrew übertragen wurde.

111 rechts oben und unten Der Billardsaal befindet sich im Erdgeschoss des Gordon Tower, in den Räumen, in denen sich bis 1890 die Küchen befanden. In diesem Zimmer fanden die Spielabende der Männer statt. Der Billardtisch ist das Werk von Cox & Yeman in London. An den Wänden hängen Bilder schottischer Thematik: Das spektakulärste ist The Sound of Many Waters, ein Gemälde von John Millais. Auf einer anderen Abbildung sieht man die Scots Grey in Waterloo, ein Werk von Kolonell Seccombe aus dem Jahre 1891. Über dem Kamin sind Jagdwaffen und Trophäen ausgestellt.

ce Duff Gordon, aus einer finanziellen Notlage heraus gezwungen, das Familiengrundstück zu verkaufen.

Vier Jahre später wurden Schloss Fyvie und der dazugehörige Grund für 175.000 Pfund Sterling von Alexander Leith gekauft, einem im nicht weit entfernten Blackford geborenen Schotten, der sein Glück in Amerika gemacht und sich dort zu einem Stahlmagnaten gemausert hatte.

Zu seinen Lebzeiten erweiterte er die

Ausstattung des Schlosses, indem er Waffen, Gobelins und Gemälde der englischen und schottischen Schule erwarb.

1890 fügte man westlich des Gordon Tower den Leith Tower an. Im Jahre 1983 bot Sir Andrew Forbes-Leith das Anwesen zum Verkauf an. Nach langen Verhandlungen gelangte es in den Besitz des National Trust for Scotland.

112 links oben

Das Gemälde von William Gordon von Fyvie, ein Werk des Italieners Pompeo Batoni, ist eine der interessantesten Arbeiten des 18. Jahrhunderts. Das 1766 fertiggestellte Bildnis unterscheidet sich von den übrigen Gemälden des Künstlers insofern, als dieser den Adeligen auf ihren Bildern gewöhnlich zu einem sympathischen Aussehen verhalf. Sir William hingegen wollte als stolzer Schotte im Tartan der Familie vor dem Kolosseum abgebildet werden, in Anlehnung an den Helden des Römischen Reiches. Dieses Gemälde wird im Drawing Room aufbewahrt und gehört zu den wertvollsten Gemälden von Fyvie Castle.

112 rechts oben und 112-113 Die Atmosphäre des Salons, der mit dem kleinen Salon verbunden ist, entspricht der Atmosphäre vieler britischer Wohnsitze des beginnenden Jahrhunderts im edwardianischen Stil und ist eine Mélange aus Altem und Modernem. Die Wände sind mit Wandteppichen aus dem 17. Jahrhundert verkleidet, die in Brüssel nach Originalzeichnungen von Peter Paul Rubens angefertigt wurden. Würdig vertreten ist auch die französische Renaissance mit dem Marmorkamin aus dem Jahre 1521 mit seinen bunten orientalischen Kacheln, die auf der Abbildung gut zu sehen sind. Die Orgel und die Tiffany-Lampe vervollständigen die kostbare Einrichtung des Raumes.

113 oben Der Salon in der zweiten Etage des Gordon Tower wurde 1790 von General Gordon als Morning Room erbaut und später umgestaltet. Die Stuckaturen an der Decke stellen die Familienwappen dar. Mit seinen dunkelroten Vorhängen spiegelt der Raum den Geschmack des 18. Jahrhunderts wider. Aus dieser Zeit stammt auch das Gemälde William Gordons von Pompeo Batoni. Auf dem Kamin befinden sich Bildnisse von Susanna Archer, der Herzogin von Oxford, und Sir Thomas Laurence. Weitere wertvolle Bilder tragen die Handschrift von Gainsborough, Reynolds und Romney. Die Einrichtung stammt hauptsächlich aus der viktorianischen oder edwardianischen Zeit, die Schränke sind im Stile Ludwigs XV., während die beiden englischen Konsolentische auf das 18. Jahrhundert zurückgehen.

113 unten Die Kleine Bibliothek umfasst eine umfangreiche Sammlung von Werken zur schottischen Geschichte, literarische Titel und Landkarten. Der Raum wurde von Lord Leith als Studierzimmer benutzt. Auf seinem Schreibtisch befinden sich zwei elektrische Klingeln, die ihn mit seinen Assistenten verbanden. Die nautischen Verzierungen an der Decke erinnern an seinen Vater, den Admiral, und an die Karriere Lord Leiths in der Royal Navy. Über der Tür hängt eine Kopie des Bildes von William Elphinstone.

114 links oben *Das Bildnis Lord Haddos ist das Werk Pompeo Batonis, eines italienischen Künstlers des frühen Neoklassizismus.*

114 rechts oben *Haddo House ist das eleganteste Haus im Nordosten Schottlands. Es wurde 1731 von William Adam für den zweiten Grafen von Aberdeen entworfen.*

HADDO HOUSE

114-115 *Die Biblio-thek befindet sich im Gebäude der früheren Stallungen und ist mit Zedernholz verkleidet und mit Ebenholzin-tarsien versehen. Die wertvollen Bücher spiegeln das Interesse des vierten Grafen für lateinische und grie-chische Texte und für das Reisen wider. Die Ausstattung und das Dekor gehen auf das 19. Jahrhundert zurück.*

115 links *Der Mor-ning Room befindet sich in dem von Adam ursprünglich in drei Schlafzim-mer eingeteilten Raum. Dieser wurde vom vierten Grafen in eine Bibliothek umgewandelt und schließlich als infor-melles Wohnzimmer genutzt. Der Kamin, der Spiegel und die Stuckdekorationen gehen auf das Ende des 19. Jahrhunderts*

zurück. Bemerkens-wert ist auch die iri-sche Vitrine zwi-schen den zwei Fenstern, ein Ge-schenk an den sieb-ten Grafen von sei-ner Gattin Ishbel zur Erinnerung an sein Mandat in Irland.

115 rechts oben *Der Speisesaal besitzt noch die Einrichtung des Jahres 1880. Die Deckendekoration aus Pappmaché spie-*

Das am Anfang des 18. Jahrhunderts für William Gordon von William Adam, dem berühmten schottischen Architekten, entworfene Haddo House brachte die örtliche Nobilität, die es gewohnt war, in betürmten und romantischen, aber nicht gerade komfortablen Schlössern zu wohnen, zum Staunen. Das große Haus im Palladio-Stil mit seinen beiden kreis-förmigen Korridoren, die es mit den Seitenflügeln verbanden, unterschied sich enorm von den übrigen Schlös-sern Westschottlands. Der Bau des Haddo House war unter anderem auch deshalb sehr kostenaufwendig, weil man besonders wertvolle Mate-rialien verwendete. Das Dach aus norwegischem Holz wurde 1734 fer-tiggestellt, ein Jahr später der zweite Flügel des Hauses. An Vermögen fehlte es dem ehrgeizigen William nicht, der als unbarmherziger Groß-grundbesitzer bekannt war und von seinen Pächtern ein Maximum an Abgaben verlangte.

Der zweite Graf von Aberdeen starb 1745 und vererbte das Haus seinem Sohn George, dem dritten Grafen und Kind aus erster Ehe. (Den Erben aus dritter Ehe hingegen vermachte er Fyvie Castle.) George jedoch war an Haddo House nicht interessiert, er widmete sich lieber seinen

amourösen Abenteuern und dem mondänen Leben. So ging das Schloss in den Besitz des Enkels George Gordon, des vierten Grafen, über, der mit zwölf Jahren seine El-tern verloren hatte und in Cambridge erzogen worden war. Sein Interesse für die italienische Renaissance führ-te ihn nach Italien, Griechenland und in die Türkei, nach Albanien, Österreich und Deutschland, sodass man ihn „den Athener von Aber-deen" nannte. George Gordon durchlief eine politische Karriere: Von 1828 bis 1830 war er Staatsse-kretär für Äußere Angelegenheiten und von 1834 bis 1835 Staatssekretär für die Kolonien. Im Jahre 1852 er-hielt er von Königin Viktoria den Auftrag zur Bildung einer neuen Re-gierung.

In den ersten Jahren des 20. Jahr-hunderts übertrug der vierte Graf dem Architekten Archibald Simpson die Erweiterung von Haddo House. Die kreisförmigen Korridore William Adams wurden zerstört und die Sei-tenflügel erweitert: Der nördliche be-herbergte nun die Stallungen, wäh-rend der südliche den Küchen und den Wohnungen für das Personal vorbehalten war. Für die Gartenanla-ge berief George Gordon den Maler und Gartendesigner James Giles. Die letzte Vergrößerung von Haddo Hou-se ist dem siebten Grafen zu verdan-ken, der 1877 die Seitenflügel umge-staltete, um für die Familie weitere Zimmer zu schaffen.

1880 veränderten die Architekten Wardrop und Reid aus Edinburgh das Haus endgültig, um es den Bedürfnissen der Familie anzupas-sen.

gelt den neoklassizi-stischen Stil William Adams wider. Der Ka-min aus Carrara-Marmor hingegen entstammt der Werk-statt von William Morris.

115 rechts unten *Der am Ende des 19. Jahrhunderts umge-staltete Salon von Haddo House wird vom Gemälde* David und Goliath, *einem Werk Domenichinos, über dem Kamin be-herrscht. Unter den übrigen Bildern be-finden sich das* Haupt des Hl. Petrus *von van Dyck und ein Gemälde* Sir Walter Scotts und seiner Fa-milie im Waffensaal von Abbotsford House, *ein Werk von Sir Wil-liam Allan.*

CRAIGIEVAR CASTLE

Das abgelegene Craigievar Castle auf den spektakulären Grampian Hills wird allgemein als bestes Beispiel eines schottischen Turmhauses angesehen, als gelungene Vereinigung von lokaler Tradition und exotischen Einflüssen französischer Herkunft. Über einem eher kleinen L-förmigen Grundriss erheben sich drei Stockwerke, wobei der Turm eine vierte Etage besitzt. Es handelt sich hierbei nicht um ein horizontal, sondern um ein vertikal angelegtes Gebäude mit Wendeltreppen, die die Korridore ersetzen.

Die erste Erwähnung Craigievars findet man in einem Statut des Jahres 1457, das im Schloss aufbewahrt wird und als Eigentümer die Familie Mortimer nennt. Am Ende des 16. Jahrhunderts begannen die Mortimers mit dem Bau. Wegen plötzlicher finanzieller Schwierigkeiten waren sie aber gezwungen, die Arbeiten zu stoppen und ihren Besitz zu verkaufen. Neuer Herr auf Craigievar Castle wurde William Forbes, der Bruder des Erzbischofs von Aberdeen und Kaufmann. Er war durch seinen Handel mit dem Baltikum zu Vermögen gekommen und wurde deshalb „Danzig"-Willie genannt. Mit dem Geld seiner Handelsspeditionen finanzierte er den Bau des Schlosses, wobei er dem Baumeister bei der Planung größte Freiheit ließ. Seit dieser Zeit lebten in diesen sicher nicht komfortablen Zimmern über sechs Jahrhunderte hinweg die Nachkommen des Kaufmanns. Im Jahre 1963 ging das Castle in den Besitz des National Trust of Scotland über, einer Stiftung, die zahlreiche historische Sehenswürdigkeiten verwaltet.

118 links oben Die Long Gallerie erstreckt sich über die ganze Länge eines Schlossflügels. Sie ist berühmt für ihr mit Eichenholzpaneelen verziertes Deckengewölbe, das man in Schottland sonst fast nur in Königspalästen findet. Die Galerie wurde im 20. Jahrhundert in eine Bibliothek umgewandelt.

118 rechts oben Das Zimmer der Musen hat seinen Namen von der lebendigen Deckenverzierung, auf der man die neun Musen und die sieben Tugenden bewundern kann. Die weiblichen Deckenfiguren weisen darauf hin, dass der Raum ursprünglich als herrschaftliches Wohnzimmer benutzt wurde. Wunderschön ist auch der von William Morris entworfene Wandteppich.

CRATHES CASTLE

118-119 und 119 rechts *Die Gärten des Crathes Castle sind in acht thematische Bereiche über zwei Terrassen hinweg eingeteilt und durch Eibenhecken voneinander abgetrennt. Sie sind so angelegt, dass man sich in jeder Jahreszeit über blühende Blumen freuen kann. Das Design des Gartens ist auf der Abbildung gut zu erkennen.*

119 links *Ein Gärtner schickt sich an, eine Eibe in eine Skulptur umzuwandeln. Die Gärten, die wegen ihrer Größe und Komplexität zu den beeindruckendsten in ganz Schottland gehören, werden von fünf Gärtnern gepflegt, die von einem Gärtnermeister angeleitet werden. Ein Großteil der heutigen Anlage geht auf Sir James Burnett und seine Gattin Lady Sybil, beide leidenschaftliche Botaniker, zurück.*

Zusammen mit Craigievar ist Crathes Castle eines der schönsten Beispiele für schottische Architektur.

Die Bauarbeiten am Schloss begannen 1553 auf Veranlassung Alexander Burnetts, die L-förmige Festung wurde aber erst 40 Jahre später unter der Leitung seines gleichnamigen Urenkels vollendet.

Die Baugeschichte ist auf zwei Schildern an der Ostseite zu lesen: Das erste trägt das Wappen von Alexander Burnett und Janet Hamilton mit dem Datum des Beginns der Arbeiten; das zweite enthält die Monogramme Alexander Burnetts (des Ur-Enkels) und Katherine Gordons mit dem Datum der Vollendung des Gebäudes. Wie alle Schlösser im schottischen Baronial Style hat Crathes Castle eine vertikale Form. Der obere Bereich ist eine Sinfonie aus Türm-

chen, Vorsprüngen, Fialen und gezackten Zinnen, während der untere Teil trotz der bis zum ersten Stock reichenden Fenster im viktorianischen Stil weitaus kahler erscheint.

Im 19. Jahrhundert fügte man in Richtung des Walled Garden, des oberen ummauerten Gartens, einen etwas unpassenden spätviktorianischen Flügel hinzu. Das Gebäude wurde 1966 bei einem Brand zerstört und später ohne die viktorianischen Zusätze wieder aufgebaut.

Die wunderbaren Gärten aus dem 18. Jahrhundert sind eine gelungene Komposition aus seltenen Farben und Farbschattierungen und beherbergen die größte Baumsammlung ganz Großbritanniens.

GLAMIS CASTLE

Glamis Castle, der Wohnsitz des achtzehnten Grafen von Strathmore und Kinghorne, gehört zu den berühmtesten Schlössern Schottlands. Hier ist die Königinmutter aufgewachsen und hier wurde auch Prinzessin Margaret geboren. Eine prächtige, von Bäumen gesäumte Allee bildet die Kulisse für die turmbefestigte Burg aus rosafarbenem Sandstein, die entsprechend dem romantischen Stil des 19. Jahrhunderts über und über mit Türmchen und Fialen verziert ist.

Ursprünglich war das Schloss eine der zahlreichen Jagd-Lodges des schottischen Königs, wenn auch der Ort in frühester Zeit, etwa um das 8. Jahrhundert, vom Hl. Fergus bewohnt wurde, der dort eine Kirche errichtete, von der heute noch die heilige Mauer zu sehen ist.

1372 erhielt Sir John Lyon von König Robert II. Glamis als Geschenk. Vier Jahre später heiratete er dessen Tochter Joanna. Das Schloss von damals ist nun ein Teil des heutigen, während einiger Umgestaltungen vergrößerten Gebäudes. Zu jener Zeit bestand es aus einem hohen schmalen Turm, der schwer zu erobern, aber auch unbequem zu bewohnen war. Im Erdgeschoss befanden sich die Vorratskammern, im ersten Stock hingegen lag der Hauptsalon, der durch eine Außentreppe erreicht werden konnte.

Trotz der verwandtschaftlichen Beziehungen und der jahrhundertelangen Treue zur königlichen Familie entzog diese den Lyons im 16. Jahrhundert ihre Gunst. Der Grund dieser Ungnade war die Heirat Johns, des sechsten Lords von Glamis, mit einer Douglas, der Schwester des Grafen von Angus, den man des Ver-

120 oben und 121 rechts oben Auf der Wiese vor dem Schlosseingang steht auf einem Löwensockel eine barocke, mehrgesichtige Sonnenuhr. Zusammen mit den Türmchen und den Statuen James' VI. von Schottland (James I. von England) und seines Sohnes Charles I. ist sie der einzige Überrest der Mauern, die das Schloss umgaben.

120 unten Die Detailaufnahme eines Daches zeigt eine der zahlreichen Skulptural-Verzierungen, die so typisch für die Dächer von Glamis sind.

120-121 Auf der Luftaufnahme des Schlosses sieht man die konischen Turmdächer, die Zinnen und Kamine, die man in allen schottischen Schlössern im Baronial Style findet.

121 links oben Auf der Fassade ist das Wappen der Grafen von Strathmore und Kinghorne zu sehen: Ein aufrecht stehender Löwe und ein Pferd halten das von einer Krone überragte Schild mit dem Motto „In te domine speravi".

122 links oben Der ganze Flügel, der den Speisesaal beherbergte, wurde zerstört und zwischen 1775 und 1800 wiederaufgebaut. Zwischen 1851 und 1853 entwarf der Enkel des siebten Herzogs von Strathmore das Zimmer mit der kurios verzierten Decke und dem beeindruckenden Kamin, der mit Eichenholzpaneelen verkleidet und mit dem Wappen des zwölften Herzogs versehen ist.

122 links unten Dieses Zimmer befindet sich höchstwahrscheinlich an der Stelle, an der früher in der einfachen Jagd-Lodge das Schlafzimmer lag. Sein Name, King Malcolm's Room, erinnert an den schottischen König. Besonders wertvoll ist die Stuckverzierung der Decke.

122 rechts unten Der Salon der Königinmutter gehört zu den königlichen Gemächern, die die Gräfin von Strathmore nach der Hochzeit ihrer Tochter mit dem späteren George VI. im Jahre 1923 einrichtete. Gobelins, Teppiche und rote Vorhänge umgeben den Eichenholz-Kamin, über dem chinesisches und holländisches Porzellan ausgestellt ist.

123 Die hellrosa bemalten Mauern des Salons unterstreichen die goldenen Bilderrahmen an den Wänden. Die Decke ist mit Wappen aus Stuck verziert. Zu den bemerkenswertesten Gemälden gehört das von Auchterhouse, das den dritten Herzog von Strathmore und Kinghorne mit seinen Söhnen John, Charles und Patrick darstellt.

122 rechts oben Der Messinglöwe im Speisesaal ist eines der Symbole der Familie Bowes Lyon. Er ist ein Hochzeitsgeschenk für den 13. Grafen aus dem Jahre 1903.

122 rechts Mitte Im 1773 bis 1776 errichteten Billardzimmer mit den vielen alten Büchern an den Wänden und den aus dem 17. Jahrhundert stammenden wertvollen Wandteppichen herrscht eine entspannte Atmosphäre. Die Deckenstuckaturen wurden 1903 ausgeführt, in Erinnerung an den Hochzeitstag des 13. Grafen. Der große, mit Wappen verzierte Kamin stammt aus Gibside, einem Besitz der Familie Bowes in der Grafschaft Durham.

rats verdächtigte.

Nach dem Tod ihres Gatten wurde Lady Glamis der Hexerei bezichtigt, bis zu ihrer Erblindung gefangen gehalten und später lebendigen Leibes auf dem Vorplatz des Schlosses von Edinburgh verbrannt. Auch ihr kleiner Sohn wurde inhaftiert. Ihre Besitztümer beschlagnahmte die Krone. So kam es, dass von 1537 bis 1542 James V., der spätere Vater Maria Stuarts, in Glamis Hof hielt und viele königliche Edikte eben in diesem Schloss erlassen wurden.

Nach dem Tod des Herrschers wurde John, der siebte Lord von Glamis, aus dem Gefängnis befreit. Dank eines Parlamentsbeschlusses gelangte er wieder in den Besitz seines Schlosses. Die Möbel und das Silber waren nach diesem Intermezzo als Königshof allerdings verschwunden.

John, der achte Lord von Glamis und Kanzler von Schottland, verhalf dem Schloss wieder zu seinem alten Ruhm. Schenkt man einem englischen Gast Glauben, so bestand die Dienerschaft aus einem Haushofmeister, zwei Dienern, einem Komponisten, einem Chefkoch, einem Kellermeister, einem Baumeister, einem Kofferträger und seinen beiden Gehilfen, einer Schneiderin, einem persönlichen Zimmermädchen und aus weiteren zwei Gehilfen.

Johns Sohn Patrick wurde von James VI. zum Grafen von Kinghorne ernannt und folgte diesem nach London, als der schottische König nach dem Tod Elisabeths I. als James I. auch englischer König wurde.

Sein heutiges Aussehen erlangte das Schloss nach zahlreichen Verbesserungsarbeiten durch Graf Patrick.

Aber das Unglück brach ein weiteres Mal über Glamis herein. John, der

124 links *Obwohl das Schloss im Laufe der Jahrhunderte einige Umgestaltungen erlebte, haben die Treppen, die zur Krypta und zum Dining Room führen, ihr mittelalterliches Aussehen behalten. Eine Seitentreppe führt zum Eingang, einem großen Salon mit Kriegstrophäen, Rüstungen und Waffen.*

124 rechts *Der King's Room gehört zu den Königsgemächern. Ursprünglich war er der Ankleideraum von König George VI. Das Zimmer wird von einem großen Baldachinbett dominiert, das am Anfang des 17 Jahrhunderts für den ersten Grafen von Kinghorne hergestellt wurde.*

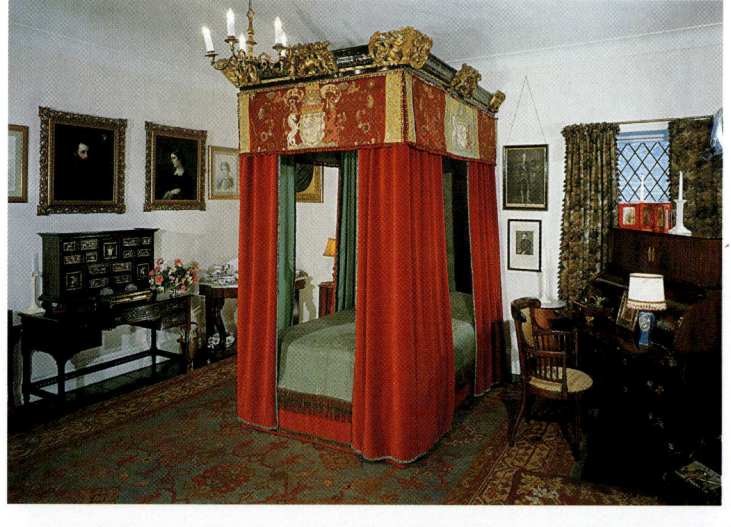

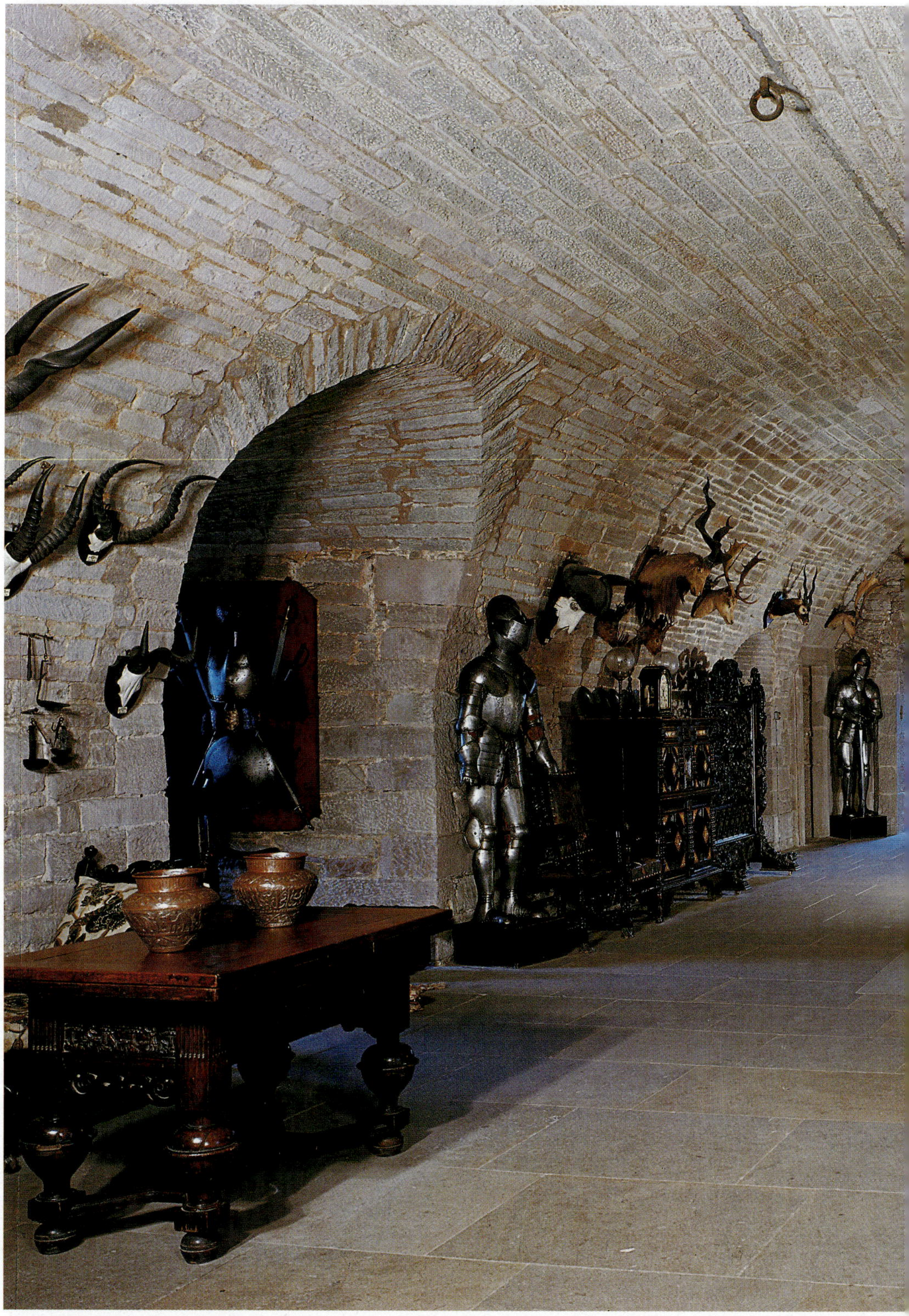

zweite Graf, verschuldete sich über beide Ohren wegen seiner Unterstützung des Covenanteraufstands gegen die Kirche und die Bischöfe. Sein Nachfolger, der dritte Graf, erbte einen immensen Schuldenberg. 1670 kam er mit seiner Frau nach Glamis und begann zu arbeiten, um die Familienbilanz wieder auszugleichen. Ihm ist die Umgestaltung der Great Hall in einen Drawing Room mit eleganten Stuckarbeiten an der Decke zu verdanken.

Ebenfalls auf den Grafen geht die Dekoration der Kapelle zurück, die

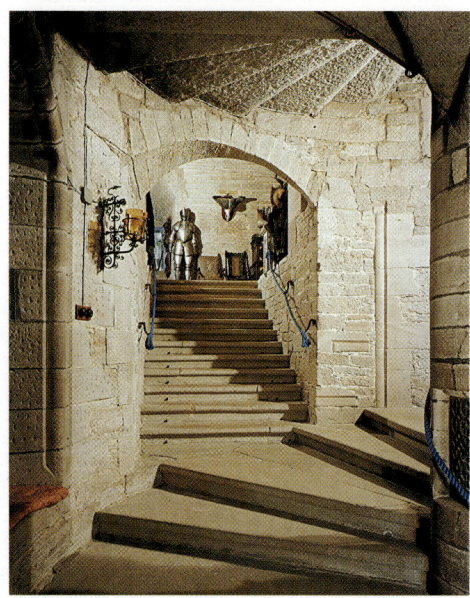

ganz in Holz gehalten und mit biblischen Motiven bemalt ist. Die Überlieferung behauptet, dass in der linken hinteren Ecke das Gespenst der Dame in Grau, einer unglücklichen Dame, sitze, die wegen einer tragischen Liebesgeschichte ihr Leben gelassen habe. Allerdings handelt es sich hierbei wohl nicht um das einzige Gespenst des Schlosses. Die Dame in Grau befindet sich in Be-

124-125 *Die Krypta hat sich ihr mittelalterliches Aussehen bewahrt. In den dicken Mauern befindet sich ein Zimmer, in dem, so erzählt eine Legende, einer der Lords von Glamis und der Graf von Crawford mit dem Teufel Karten spielten. Das Mobiliar aus Eichenholz harmoniert mit den Jagdtrophäen, den Waffen und den Rüstungen.*

125 links oben *Im Zimmer der Königinmutter hängt die Kopie eines wunderbaren, von de Laszlo gemalten Bildes, das sie als Herzogin von York darstellt. Das Baldachinbett besteht aus vergoldetem Holz. Auf den Baldachin sind die Namen des vierzehnten Grafen, der Gräfin Cecile und ihrer Kinder gestickt.*

125 rechts *Die Kapelle ist der schönste Raum des gesamten Schlosses. Die Decke und die Wände sind vollständig mit Holzpaneelen verkleidet und mit biblischen Themen, wie dem Letzten Abendmahl und der Flucht aus Ägypten, einem Werk des holländischen Malers Jakob de Wet, geschmückt.*

gleitung des hochgewachsenen und bärtigen Earls Beardie, der mit dem Teufel Karten gespielt und die Partie verloren haben soll. Die prunkvollen Innenräume stammen aus unterschiedlichen Epochen, aus dem 14. bis 19. Jahrhundert, und bergen wertvolle Möbel, Porzellan, Gemälde und historische Gegenstände. Die königlichen Gemächer sind angefüllt mit Gegenständen und Fotografien, die die Beziehungen und das Leben der Familie illustrieren. Über den Schlossgrund hinaus besteht das Örtchen Glamis aus Häusern, die im Jahre 1793 vom Grafen von Strathmore für die Arbeiter seines Schlosses errichtet wurden. Es handelt sich dabei um längliche, einstöckige Bauten, die ein Studierzimmer, eine Küche und einen Raum zum Spinnen und Weben von Schafwolle umschließen.

Obwohl der wuchtige Steinpalast am Ufer des Tay in der Peripherie von Perth auf die erste Hälfte des 19. Jahrhunderts zurückgeht, gehört Scone doch zu den ältesten und heiligsten Anlagen in ganz Schottland. Auf dem Grundstück liegt nämlich der Moot Hill, dessen Name vom gälischen „Tom-a-mhoid" herrührt, was soviel bedeutet wie „Ort, an dem das Recht verwaltet wird". Hier gründete Kenneth MacAlpin im Jahre 846 Celtic Abertha, die Hauptstadt des vereinigten Königreiches der Schotten und Pikten. Seit dieser Zeit wurden die schottischen Könige auf dem Stone of Destiny gekrönt, dem heiligen Stein, den MacAlpin aus Dunstaffnage mitgebracht hatte. Auch als Edward I. von England im Jahre 1296 den Stein nach London in die Westminster Abbey transportierte, wo er in den Krönungsthron eingearbeitet wurde, ließen sich die schottischen Könige weiterhin in Scone krönen. Auf derselben Anlage gründete Alexander I. um das Jahr 1120 das erste Augustiner-Kloster Schottlands. Die Abtei und der Palast des Abtes wurden auch als Residenz der königlichen Familie genutzt. Die Klosteranlage erfreute sich größten Wohlstands und unter der Herrschaft von Roberts III. wurde die junge Stadt Edinburgh dem Kloster angeschlossen, um von dessen Reichtümern profitieren zu können. 1210 gründete Wilhelm der Löwe nicht weit entfernt davon ein königliches Dorf, an dessen Stelle heute die Stadt Perth liegt. Am 27. Juni 1559 wurde das Kloster von fanatischen John-Knox-Anhängern geplündert, die sich durch dessen Rede in der St. John Street von Perth dazu ermutigt fühlten.

126-127 *Der Scone Palace ist von einer Wiese umgeben, auf der sich ungestört Fasane tummeln. Im Wald befindet sich eine Sammlung exotischer Baumarten, die 1848 angepflanzt wurden. Darunter sind auch einige Douglas-Tannen zu finden, Bäume, die ihren Namen dem berühmten Botaniker David Douglas verdanken, der auf dem Grundstück zur Welt kam und dort auch arbeitete.*

127 links oben *Auf dem Moot Hill gegenüber dem Scone Palace steht eine kleine Kirche, die 1804, ebenso wie der Palast, in neogotischem Stil umgebaut worden ist. Ein fein gearbeitetes Monument aus Alabaster erinnert an David, den ersten Viscount von Stormont, der, wie die Legende erzählt, 1624 eine Kirche auf diesem Hügel erbaut hatte.*

127 rechts oben *Das alte Eingangstor zum Scone Palace erblickt man am anderen Ende der großen Wiese. Es steht teilweise in Ruinen, dennoch kann man die Wappen von James VI. und dem ersten Viscount erkennen. Nicht weit davon entfernt befindet sich das Mercat Cross.*

128 oben Der Ambassador's Room wird von einem purpurfarbenen Baldachinbett beherrscht, das das Wappen von König George III. und das königliches Monogramm trägt. Lord Stormont bekam das Bett geschenkt, als er Botschafter am französischen Hof war. An den Wänden hängen sein Bildnis, ein Werk Allan Ramsays, und ein Gemälde Lady Elisabeths, der Tochter des Botschafters, mit Dido, der Tochter der Kammerfrau des Viscounts.

128-129 Die Long Gallery ist etwa 43 Meter lang, was für einen schottischen Wohnsitz ungewöhnlich ist, der üblicherweise eher besonders hoch ist.

Auf den mit Intarsien versehenen Eichenboden haben viele Herrscher ihren Fuß gesetzt. 1580 wurde die Decke mit Jagdszenen von James VI. und seinem Hof ausgemalt. Am Anfang des 19. Jahrhunderts wurde sie durch eine schlichtere Decke in neogotischem Stil ersetzt.

129 links oben *Der Speisesaal ist ein heller Raum, der eine der umfangreichsten Elfenbeinsammlungen ganz Europas beherbergt. Der lange Tisch, auf dem eine Damasttischdecke mit dem Wappen der Mansfields liegt, ist mit dem Dessertservice Chamberlain Worcesters gedeckt und üppig mit Blumen und Früchten geschmückt. Um den Tisch herum stehen Chippendale-Stühle. Über dem Kamin hängt das Bildnis Der Philosoph von Salomon Koninck, rechts davon ist ein Gemälde des ersten Grafen von Mansfield zu sehen.*

129 links unten *Die alte Bibliothek mit Blick auf die Weide umfasst heute nur noch wenige Bände. Die Bücher wurden durch Porzellan aus Meißen, Sèvres, Ludwigsburg, Chelsea, Derby und Worcester ersetzt. Dabei handelt es sich um Sammelstücke des ersten und des zweiten Grafen für den täglichen Gebrauch. Über dem Kamin thront das von da Martin erstellte Gemälde William Murrays, des ersten Grafen von Mansfield.*

129 rechts *Der nach Norden gerichtete geräumige Salon besitzt zwei Kamine, die auf das 12. Jahrhundert zurückgehen. Über den beiden befinden sich Gemälde von David Teniers, die eine Dromedargruppe bzw. eine Affengruppe darstellen. Beeindruckend ist der einige Meter große Braunbär, den Sir Lancelot Carnegie erlegte, als er Sekretär des britischen Botschafters in Russland war.*

Die Ruinen der königlichen Stadt und des Klosters und der sie umgebende Grund gingen in den Besitz der Grafen von Gowrie über, die im 16. Jahrhundert den Gowrie Palace errichten ließen und dabei alte Steine der Abtei benutzten. Nach der geheimnisvollen Gowrie Conspiracy, bei der James IV. beinahe getötet worden wäre, hätte ihn nicht Sir David Murray gerettet, gingen die Besitztümer der Gowries an die Krone zurück. Als Dank erhielt die Familie Murray, die dem flämischen Adel entstammte und später zu Grafen von Mansfield ernannt werden sollte, den Grund und den Palast. Am Anfang des 18. Jahrhunderts stellte sich David, der fünfte Viscount, gegen den Unionsvertrag und beherbergte in Scone während der Revolte von 1715 James VIII., genannt The Old Pretender, Sein Sohn, der sechs-

te Viscount, öffnete die Tore des Palastes während der Revolte von 1745 für Bonnie Prince Charlie. William Murray, sein Bruder, war einer der größten Anwälte seiner Zeit und wurde zum Grafen von Mansfield ernannt. Der erste Graf lebte jedoch in London in seinem Haus in Bloomsbury. Der zweite Graf fand den Palast zu feucht und unbewohnbar. Erst in der ersten Hälfte des 19. Jahrhunderts beauftragte der dritte Graf den Architekten William Atkinson mit der Errichtung eines Palastes in neo-gotischem Stil, den man heute noch bewundern kann. Das von außen wuchtig aussehende Schloss mit dem an der Fassade hochwachsenden Efeu birgt im Inneren eine wunderbare Sammlung französischer Möbel, Uhren, Stickereien, Keramik und Elfenbein.

DRUMMOND CASTLE

130 links und 131 *Trotz der Umbauarbeiten im 19. Jahrhundert weist das Drummond Castle noch alle Charakteristiken eines schottischen Renaissance-Schlosses aus dem 17. Jahrhundert auf. Es steht auf einer Anhöhe mit zum Garten hin abfallenden Terrassen.*

130 rechts *Die Gärten wurden im Laufe der Jahrhunderte einige Male umgestaltet. Zu den wichtigsten Auftraggebern der Umgestaltung des Schlosses und der Gärten im Stil der Renaissance gehört John Drummond, der zweite Graf von Perth, der von 1584 bis 1662 lebte und von 1630 bis 1636 die Arbeiten beaufsichtigte.*

Das Schloss von Drummond steht auf einem Felsenhügel, wenige Kilometer von Crieff entfernt, im Herzen von Perthshire.

Um das Jahr 1490 erhielt Sir John Drumond von Stobhall von König James IV. die Erlaubnis, auf dem Grund, den er in den Hügeln von Strathearn gekauft hatte, eine Festung zu bauen. Sir John hatte eine Tochter, Margaret, in die sich James IV. verliebte, der häufig Drummond Castle besuchte. Die schottischen Adeligen waren aber der Meinung, dass ihr Herrscher die Schwester des englischen Königs Heinrich VIII. heiraten solle, und vergifteten deshalb die junge Margaret.

Im Jahre 1605 begleitete der vierte Lord Drummond auf Geheiß von James VI. eine Delegation nach Spanien, die Friedensverhandlungen zwischen beiden Ländern führen sollte. Für diesen Auftrag wurde er mit dem Titel eines Grafen von Perth ausgestattet. Der neue Graf ließ dem ursprünglichen Turm an der nördlichen Seite einen neuen Flügel anfügen. Sein Bruder John, der zweite Graf von Perth und persönlicher Berater von König James VI. sowie Charles I., gestaltete schließlich das Schloss um und ließ zwischen 1630 und 1636 ein niedriges Gebäude im Stil der Renaissance anbauen, wie die zusammen mit dem Familienwappen eingravierten Daten bestätigen. Der Architekt dieser Erweiterung war John Mylne, der auch für den großen Sonnenuhr-Obelisken verantwortlich ist, der in der Mitte des Gartens steht. Während der durch das englische Heer Cromwells ausgeübten Repression wurde das Schloss schwer beschädigt. 1715 wurde es zur Garnison der Truppen

der Krone. Nach 1745 wurden die Gebiete der Grafen von Perth, einschließlich des Drummond Castle, wegen deren Unterstützung der Jakobiten-Revolte beschlagnahmt. Am Fuß des Schlosses erstrecken sich die schönsten formalen Renaissance-Gärten ganz Schottlands. Buchshecken und zu Figuren getrimmte Bäume für Licht- und Schattenspiele, während die Rosensträucher und Blumenbeete den Garten in wunderbare Farbträume verwandeln.

132 oben In den Gärten des Drummond Castle ist auch ein italienischer Einfluss zu spüren, der sich in den Statuen, Brunnen und Urnen manifestiert, die die Balustrade schmücken. Viele der Statuen erstand wohl Charles Barry um das Jahr 1830 in Italien.

132 unten Im September des Jahres 1842 besuchte Königin Viktoria für drei Tage Drummond Castle und notierte in ihrem Tagebuch: „Sonntag, 11. September ... wir gingen im Garten spazieren, der wunderschön ist und mit seinen Terrassen wie ein alter französischer Garten aussieht." Am darauffolgenden Tag lustwandelte die Königin zusammen mit der Herzogin von Norfolk im Grünen, während Prinz Albert in den Wäldern von Glen Artney auf die Jagd ging.

132-133 und 133 oben Von der obersten Terrasse aus erscheint der Garten in seiner ganzen Schönheit. Die Alleen formen zusammen mit den Blumenbeeten ein Andreaskreuz. In der Mitte befindet sich eine Sonnenuhr aus dem 17. Jahrhundert. Um sie herum ist ein Mosaik aus Kieselsteinen in der Form des Wappens der Drummonds angelegt.

136 Die mächtige Festung von Dunnottar Castle an der Küste südlich von Aberdeen wurde um das Jahr 1382 von Sir William Keith errichtet und steht auf einem Felsvorsprung über dem Meer. Hier drehte Zeffirelli die Szenen zu Hamlet mit Mel Gibson. Das Schloss, das 1651 bis 1652 acht Monate lang von den Truppen Cromwells belagert worden war, erlangte traurige Berühmtheit als Gefängnis von über hundert Covenanters, die hier den Tod fanden.

REGISTER